天學初函

（二）

習是齋續梓

○虞德園銓部與利西泰先生書

不佞熙陳留人也越故有蠻夷之虞而不佞自陳留從越稱中國之虞越人君子數爲不佞言利西泰先生非中國然賢者也又精天文方技握算之術何公露少參得其一二欲傳不佞會病結轖眩瞀不果學亦不果來學時時神往左右恍石交矣既而翁太守周野出畸人十篇令序弁首慚[illegible]
[illegible]弩播糅聊爾前引故當轉克[illegible]

許時便知有三聖人之教聲
不得下側聞先生降神西域渺 須私魯
人詆仲尼東家丘忽於近耶及讀天堂地獄短長之
說又似未繙其書未了其義者豈不聞佛書有云入
無間地獄窮劫不出他化自在天壽一晝夜為人間
一千六百歲乎推此而論定有遺矚夫不全窺其祕
而輒施攻具舍衛之堅寧遽能破敢請徧閱
今上所頒佛藏角其同異摘其瑕纇更出一書懸之國門
俾左袒瞿曇者恣所彈射萬一鵠無飲羽人徒空箙
斯非千古一快事哉兒不出此僅出謏聞資彼隱矣

一何爲計之疎也。藉令孜孜汲汲，日溫時習，無暇盡閱其書，請先閱宗鏡録、戒發隱、及西域記、神僧傳、法苑珠林諸書，探微稽實，亦足開聲罪之端。不然者，但曰我國向輕此人，此人生處吾盡識之，安知非別一西天，別一釋迦，如此間三鄒、二老，良史所不辯者乎。古今異時，方域遼邈，未可以一人之疑疑千人之信也。原夫匈馬東來，香象西駕，信使重譯，往來不絕，一夫可欺，萬衆難惑，堂堂中國賢聖總萃，謂二十餘年之久盡爲五印諸戎所愚，有是事哉。茲無論其人之輕重，直議其書之是非。象山、陽明、傳燈、宗門、列祖、孔

廟其書近理槩可知矣且
太祖
文皇並崇剎像名卿察相咸峙金湯火書廬居譚何容易
幸無以西人攻西人一遭敗蹶教門頓圮
天主有靈寧忍授甲推轂於先生自隳聖城失定吉界耶
不佞固知先生奉 天主戒堅於金石斷無倍師
渝盟之理第六經子史既足取徵彼三藏十二部者
其意亦與先生合轍不一寓目語便相襲詎知讀畸
人十篇者惓惓卷而起曰了不異佛意乎遼豕野芹竊
爲先生不取也嗟乎羣生蠕蠕果核之內不知有膚

安知有殼況復膚殼外事存而不論是或一道[illegible]

生擇爲倚枕騰口深愧謙占管量鴻包應弗摽外主

臣主臣

○

利先生復虞銓部書

竇西陬鄙人棄家學道汎海八萬里而觀光

上國於茲有年矣承　大君子不鄙進而與言者非一

二數也然竇於象緯之學特是少時偶所涉獵

上方物亦所携成器以當羔雉其以技巧見奬借者果非

知竇之深者也若止爾爾則此等事於做　庠序中

見爲微末器物復是諸工人所造八萬里外安知

上國之無此、何用泛海三年、出萬死而致之
闕下哉、所以然者、爲奉　天主至道、欲相闡明、使人人
爲肖子、即於　大父母得効涓埃之報、故棄家忘
身不惜也、幸蒙　聖恩、旣得即次、食大官、八年於
茲、亦欲有所論著、不敏未能、昨畸人篇、則是荅問時
偶舉一二理端、因筆爲帙、質之大都人士、其於教中
大論、曾未當九牛之一毛也、不圖借重雄文、謬見獎
許、諸所稱述、皆非竇所敢當也、獨後來太極生上帝
語、與前世聖賢所論、未得相謀、尚覺孔子太極生兩
儀一言、爲安耳、太極生生之理、亦敝鄉一種大論、其

書尤棟他日尚容略陳一二，以請斧教，至乃棄置他事，獨以大道商確，則蒙知竇深矣。棒讀來札，疊疊千言，誨督甚勤，而無勝氣，欲實據理立論，以闡至道。敝鄉諺云：和言增辯力，台教之謂乎。且鍾鼓不叩擊，不發音聲，亦是夙昔所想望也。伏讀來教，知竇輩奉戒堅於金石，不識區區鄙衷何由見亮，即此一語，蒙啓雖極愚卑，誠於左右，知弗爲罪，幸甚幸甚。然竇輩平生所奉大戒有十，誹謗其一也。佛教果是，果未嘗實見其非，輒遂非之，不誹謗耶。竇自入　中國　以來，略識文字，則是堯舜周孔，而非佛，執心不易，以至於今區區遠人何德於孔何仇於佛耶若謂實欲佞孔以諂士大夫而徐伸其說則中夏人士信佛之於信孔者甚多何不并佞佛以盡諂士大夫而徐伸其說也實是堅於奉戒直心一意所是所非皆取憑於離合堯舜周孔皆以修身事　上帝爲教則是之佛氏抗誣　上帝而欲加諸其上則非之實何敢與有心焉夫　上帝一而已謂有諸天不誣乎渺小人羣欲加　天帝之上不抗乎此爲瑕釁孰大於是亦何必徧繙五千餘卷而後知也佛氏之書人自爲說聞大藏中最多異同側聆門下蓋世天末而留心

貝葉若其書中果有尊崇　上帝虔修企合以此
爲教敢不鞭弭相從若其未然即實之執心不易既
蒙台亮矣至其書中指義捕風捉月者實多微渺玄
通者不少雖未暇讀竊亦知之然譬諸偏方僭竊之
國典章制度豈不依稀正統而實非正統爲臣者豈
可艷其文物褰裳就之哉舍衛雖堅恐未免負固爲
名也雖然而來教所云檢閱諸經探微稽實者實獲
我心所不敢廢須緣匆匆未能得爲仰惟門下博物
多聞素深此義若得樞趨函丈各挈綱領以射送難
假之歲月以求統一則事逸功倍更愜鄙心矣此實

良覯，當夙宵圖之，或遂得果，此未可知也。至於拙篇中天堂地獄短長之說，鄙意止欲闢輪廻　矣使爲善不反顧，造惡無冀幸耳。孟子云：不以文害辭，辭害意也。儻因鄙言悟輪廻之妄，則地獄窮劫不出，天堂一日千歲，此亦言之有據者也，又何待論乎。若云生處盡識，故輕此人，此偶擧之言也。海內萬國，頗嘗審究其方，其教千百其岐。印度以東，延入中國二三萬里之內，知有佛耳，止一天竺，無別釋迦，但十室之邑，必有忠信，理果是者，何論其地，此非異同之肯綮也。凡諸異教行久行遠者，無不依附名理，繼以聰明特達之士入於其中著述必多自覺可信所貴窮源極本原始要終以定是非之極竇輩所與佛異者彼以虛我以實彼以私我以公彼以多岐我以一本此其小者彼以抗誣我以奉事乃其大者如是止耳且佛入中國旣二千年矣琳宫相望僧尼載道而

上國之人心世道未見其勝於唐虞三代也見學士稱述友云今不如古若敝鄉自奉教以來千六百年中閭習俗恐涉誇詡未敢備著其粗而易見者則萬里之內三十餘國錯壤而居不一易姓不一 兵不一責讓亦千六百年矣 上國自堯舜來數千年聲名

文物儻以信佛奉佛者信奉　天主當日盲遵化何
佛氏之久不能乎此未見之事難以徵信　直當詳
究其理以決從違大義若明即定於樽俎豈輸攻墨
守之比而待授甲推轂爲哉但其中一事頗覺爲難
佛書固多習者亦衆敝國經典及述事論理羽翼道
眞者方之佛藏不啻倍蓰然未經翻譯賓叉孑然無
徒未能辨此以今事勢如來教所云以一疑千恐遭
敗蹶此爲力屈非理屈也鄙意以爲在今自可未論
勝負儻精　上國諸君子之力翻譯經典不必望與
佛藏等若得其百之一二特此而共相詰難果爲理

屈，即亦甘心敗蹶矣，自非然者，則台教云不盡通佛
書不宜攻舍衛城，實亦將云不盡通
天主經典，豈能隳我聖城，失我定吉界耶，究心譯典，以覈
異同，實將圖之，究心
主教，以極指歸，非大君子
孰望焉，此為天下後世，別岐路，以定一尊，功德不細，
幸毋忽鄙人之言也，風靡波流，耳目所牖，賢聖不免，
門下云堂堂中國，賢聖總萃，其所信從，無弗是者，則
漢以前，中國無聖賢耶，門下所據漢以來之聖賢
而實所是者，三代以上之聖賢，若云堯舜孔、孟、閩
佛教，闢必信從，則實亦云漢以下聖賢未乃，

天主之教、聞必信從、復此是非、孰能一之、凡此皆不可爲
從違之定據也、來教又云鄙篇所述十一不　佛之意是
誠有之、未足爲過、何者、若竇竊佛緒餘、用相彈射、此
爲操戈入室耳、今門下巳知竇未曉佛書、倘相合轍、
何不可之有、竇所惜者、佛與我未盡合轍耳、若盡合
者、即異形骨肉、何幸如之、門下試思八萬里而來、交
友請益、但求人與我同、豈願我與人異耶、逃空谷者
聞人足音、跫然而喜矣、遼豕自多其異、異竇乃極願其
同、則羣豕果白、亦跫然而喜之日也、肆筆無隱、罪戾
實深、仰冀鴻慈、曲賜矜宥、悚仄悚仄、

（一）利先生復蓮池大和尚竹牕天說四端

天說、一曰、一老宿言有異域人、爲天主之教者、子何不辯、予以爲教人敬天、善事也、奚辯焉、老宿曰彼欲以此移風易俗、而兼之毀佛謗法、賢士良友多信奉者故也、因出其書示予、乃略辯其一二、彼雖崇事天主、而天之說實所未諳、按經以證、彼所稱天主者忉利天王也、一四天下三十三天之主也、此一四天下、從一數之而至於千、名小千世界、則有千天主矣、又從一小千數之而復至於千、名中千世界、則有百萬天主矣、又從一中千數之而復至於千、名大千世界、

則有萬億天主矣、統此三千大千世界者、大梵天王
是也、彼所稱最尊無上之天主、梵天視之、略似周天
子視千八百諸侯也、彼所知者、萬一天主中之一耳、
餘欲界諸天、皆所未知也、又上而色界諸天、又上而
無色界諸天、皆所未知也、又言天主者、無形無色無
聲、則所謂天者、理而已矣、何以御臣民施政令行賞
罰乎、彼雖聰慧、未讀佛經、何怪乎立言之舛也、現前
信奉士友、皆正人君子、表表一時、衆所仰瞻、以爲向
背者、予安得避逆耳之嫌、而不一罄其忠告乎、惟高
明下擇、勿莾而電察焉、

辯曰武林沙門作竹牕三筆皆佛氏語也於中天說四條頗論吾天教中常言之理其說率略未備今亦率略荅之冀覽者鑑别定是非之歸焉其一首言教人敬天善事也奚辯焉此蓋發端之辭非實語然不可不辯夫教人敬天者是教人敬　天主以為主也以為主者以為能生天地萬物生我養我教我賞罰我禍福我因而愛焉信焉望焉終身由是焉是之謂以為主也主豈有二乎既以為主即幽莫尊於天神明莫尊於國主皆與我共事　天主者也非　天主也佛惟不認　天主欲僭其位而越居其上故深罪之即吾教中豈敢謂事　天主可事佛亦可乎彼既

奉佛、是以佛爲主也。凡上所云生養諸事、愛信望諸情、皆歸於佛、則佛之外亦不應有二主、二之是悖主也、安得云敬天善事耶、且彼妄指吾　天主爲彼教中忉利天王、其大梵天王萬億倍大於忉利天王、而大梵天王又於佛爲弟子列也、則忉利天王之於佛、烏得擬八百諸侯之於周天子、蓋名位至下、特小小所統率、如所謂輿臣臺臺臣僕者耳、今有人事周天子以爲主、又謂其輿臺亦可爲主乎、舍周天子不事而事其輿臺、威福玉食望之以爲歸、此乃周天子所必誅、即亦臣事周天子者所必誅、反可稱爲善事、寘之不辯耶、故我以　天主爲主、汝以佛爲主、理無二主即無二是無二是即無二生利樂無二不受甚深地獄之苦此豈小事可相坐視者西士數萬里東來正爲大邦人士認佛爲主足可歎閔故也彼以佛爲主宜以我爲非共相閔恤深相諍論孰是孰非今其歸一可也何爲置之不辯耶以佛爲主不佛者置之不辯亦非度盡衆生我方成佛之本願矣故辯者吾所甚願也鍾不考不聲石不擊不光不辯則本明者無時而明矣第辯須有倫有序如剝葱笋如析直薪方能推勘到底剖析淨盡使事理畫一衆無二尊此辯功之成也若憑訛傳之謬說以爲根據信耳不信理因而妄相折挫辯之不勝即傲言詈語欲擊欲殺

此爲兒戲非正辯矣訛傳謬說者何也所謂四天下三十三天三千大千者即是也四天下三十三天其語頗有故蓋今西國地理家分大地爲五大洲其中一洲近弘治年間始得之以前無有止於四洲故元世祖時西域札馬魯丁獻大地圓體圖亦止四洲載在元史可考也四洲之中獨亞細亞歐邏巴兩地相連最廣其中最多高山故指亞細亞之西境一高山爲昆崙亦可或爲須彌爲妙高皆可此四天下之說所自來也西國曆法家量度天行度數分七政爲七重其上又有列宿歲差宗動不動五天共十二重即中曆九重之義七政之中又各自有同樞不同心等

輪等天少者三重多者五重總而計之約三十餘重此皆以璣衡推驗得之非望空白撰之說也此三十三天之所自始也此二端者自有本末但言出佛經多竄入謬悠無當之語耳至於三千大千之說不知孰見之孰數之西國未聞即西來士人曾游五印度諸國者其所勸化婆羅門種人入教甚衆亦不聞彼佛經中曾有是說獨中國佛藏中有之不知所本以意度之大都六代以來譯文假托者祖鄒衍大瀛海之說而廣肆言之耳不然何彼淨滅之盡此相背之甚也蓋五印度近小西洋西國往來者甚衆經籍教法從古流傳至彼其所為佛教皆雜取所聞於他教

者會合成之如善惡報應天堂地獄是從古以來　天主之教如輪迴轉生則閉他卧刺白撰之論迨後流入中華一時士大夫醉心其說翻譯僧儒又共取中國之議論文字而傅會增入之所以人自為說不相統一若其間鈎深索隱彼法中所謂甚深微妙最上一乘者綜其微旨不出於中國之老易蓋自晉以來人人老易文籍必多今皆泯沒不傳則當時之玄言麈論汪洋恣肆之評微渺圓通之義盡入之佛經中矣不然何印度所譚佛法了不聞此等議論也印度去中國甚近婆羅門輩求之不難果欲真辯是非試覓彼人數輩今盡持其經典以來復覓此中才士

數彙其肄習翻譯之果否眞僞有無竄入灼然自見矣若言三千大千以佛慧眼見知非常所識是佛所說當可據依則此一天中事佛尤宜識之何諸經所說日月星宿度數一一不合且自相舛錯耶又其顯者西國分天文爲五十二相如大熊小熊之屬近黃道者十二相如獅子寶瓶之屬其說有圖有解分列位次與三垣二十八宿文絕不類令佛經中但取十二名字附會中國二十八宿與陰陽吉凶之說湊合成文此外毫不知之云是文殊菩薩所說此即是抄謄二方議論雜合成書之左証謂四天下三十三天不出於西國謂三千大千不出於鄒衍可乎就令此

三說者出佛知見不當得妄即此三事所言亦宜統一云何四天下之最中處一經言昆崙山在地一經言妙高山在水孰是乎昆崙山一經言高一萬五千里一經言二萬一千里妙高山言入海八萬踰繕那高四萬由旬孰是乎三十三天一經言欲界色界無色界自下而上一經言昆崙四面面各八天其上一天又孰是乎孰爲不誑語不異語乎然謂四天下總一天主尚可謂三十三天各一天主謬矣至三千大千則天主至衆有如品庶惟佛至尊罪尚有大於此者乎佛者 天主所生之人 天主視之與蟻正等今反尊之令尊卑易位大小倒置問孰知之孰言之

則又自知之自言之此又何等妄誕而賢智之士皆從而信向焉何居譬如有人本一鄉民鄉屬於國國屬於天子天子視彼鄉民大小懸絶亦何待論忽復中風狂語云此國外有百千萬億國國各有主凡此各主我皆得而臣事之同鄉之人亦不一核其眞僞亦皆從而臣事之他日轉聞之天子何如惜哉何不一論其眞理果可信耶否而空與其罪也若喜其微渺之言而甘心從之寧知微渺者又非彼自言乎可因而并信其猖狂無上之言乎若因其猖狂無上之言爲可駭異以爲非佛不能則莊周逍遙宋玉大言中國有之舊矣亦可信以爲眞乎規鵬之大以爲籠規

鯤之大、以爲釜、規夸父之大、爲衣裳冠履、則人必狂而笑之、今者披猖醉夢妄言天上天下惟我獨尊、舉萬國數千年以來帝王聖賢所昭事之　上帝、降而下之、儕於品庶、反以爲是必然不可易、乃至塑作梵天神像、侍立佛前、何不思之甚哉、儻云善惡報應在身之後、必然不爽、早宜修繕、此則自然之理、根於人之靈心、生死大事、關繫人之眞命、佛能驅人類而從之者、本原在此、不知此本吾　天主之教法附會出之者也、果爲生死大事、則當承事　天主、去僞即眞、脫屣凶禍之鄉、寘身吉福之境、在一反掌間、願有志者、據理而論、擇地而蹈、相與講究從事可也、言天主無形無色無聲則是天者理而已矣將何以御臣民施政令行賞罰乎惜哉此言傷於率爾謂　天主無形無色無聲者神也神無所待而有而萬物皆待之而有故雖無形色聲能爲形色聲又能爲萬形萬色萬聲之主曷爲不能御臣民施政令行賞罰乎理者虛物待物而後有謂　天主爲理不可也且佛經言佛菩薩不多有神通靈應乎佛則曾有報身涅槃後已無之諸菩薩并報身無之試問今佛菩薩爲有形色聲乎爲無神通靈應也則亦自相矛盾矣格物窮理之說甚長今未易盡請以異日儻向上所說更須折辯者仍乞示教共參訂焉辯者吾所甚願

前既已言之矣、
其二曰、又問彼云梵網言、一切有生皆宿生父母、殺
而食之、即殺吾父母、如是則人亦不得行婚娶、是妻
妾吾父母也、人亦不得置婢僕、是役使吾父母也、人
亦不得乘騾馬、是陵跨吾父母也、士人僧人不能荅
如之何、予曰、梵網止是深戒殺生、故發此論、意謂恒
沙劫來生生受生、生生必有父母、安知彼非宿世父
母乎、蓋恐其或已父母、非決其必已父母也、若以辭
害意、舉一例百、則儒亦有之、禮禁同姓爲婚、故買妾
不知其姓、則卜之、彼將曰卜而非同姓也、則納之矣、可

無害此亦曰娶妻不知其爲父母爲非父母則[illegible]之下而非已父母也則娶之亦無害矣禮云倍年以長則父事之今年少居官者何限其昇轎引車張蓋執戟必兒童而後可有長者在焉是以父母爲隸卒也如其可通行而不礙佛言獨不可通行乎夫男女之嫁娶以至車馬僮僕皆人世之常法非殺生之慘毒比也故經止云一切有命者不得殺未嘗云一切有命者不得嫁娶不得使令也如斯設難是謂將小巧之迂譚而欲破大道之明訓也胡可得也復次彼書杜撰不根之語未易悉舉如謂人死其魂常在無輪

適者既魂常在禹湯文武何不一誡訓於桀紂幽厲乎先秦兩漢唐宋諸君何不一致罰於斯高莽操李楊秦蔡之流乎既無輪廻叔子何能託前生為其家子明道何能憶宿世之藏毋釵乎羊哀化虎鄧艾為牛如斯之類班班載於儒書不一而足彼皆未知何惟其言之舛也

辯曰按實義第五篇正輪廻六道之誣略有六端今所辯一切有生皆宿生父母云者是其第六則前五端皆屈服無辭必可知矣第六端言據輪廻之說一切有生恐為宿世父母不忍殺而食之則亦不宜行婚娶使僕役踐[illegible]

恐其猶世爲我父母眷屬等此理甚明無可疑者今辯曰恒沙劫來生生受生生生必有父母蓋恐其或已父母非謂其決已父母也夫恐其或然則不宜殺之不謂其決然則可得而婚娶之役使之騎乘之於理安乎夫生生必有父母恒沙劫來轉生至多父母亦至多其爲叔伯尊行兄弟子孫親戚君師朋友尤多而吾一生所役使用度諸物又多輪迴果有必將遇一焉豈卜可避免乎佛教明言卜筮等事皆不應作今又教人卜度前世事不犯佛戒乎卜何能知人事即目前事卜而偶中者百中有一耳其不驗者至多能知前世事乎能知沙劫以來生生世世事乎婚

要可卜而避之，則役使騎乘無，亦可卜而避之。云何不卜乎？吾一卜甚易，父母眷屬役使騎乘，甚辱甚勞，又何憚不以吾之甚易，免彼勞辱也？即日用間又不勝卜矣。故又轉爲倍年父事之說。禮言倍年父事，蓋父執也，非謂貴賤不倫者，一槩皆父事之也。不然，以六尺之孤而臨王位，無所措其手足矣。從上言恐爲父母轉生，不應殺食等者，謂眞父母，不謂似父母也。云何得言今年少居官者，皆以似父母之長年爲隷卒，則亦可以眞父母之轉生者爲妻妾童僕騎乘乎？何其引喻之不倫乎？凡辯論事情，宜循其本實義所云，蓋以此証輪廻之必無耳。意若曰：天主造物使人轉生爲禽獸，又不令人知之，萬一爲其宿生父母而殺食之，騎乘之，又爲大罪，則是以天下爲大阱而罔民也，是知　天主必不使人轉生爲禽獸也，既使人轉生爲人，又不令人知之，萬一爲其宿生父母而嫁娶之，役使之，又爲大罪，亦罔民也，是知　天主必不使人轉爲人也，此本意也，若欲明輪廻之必有，亦宜條論其所以必有之故，既能明其必有，然後別生他論可也，今者空然坐據輪廻之必有，而曲論其所以處置之術，是謂不揣其本而齊其末，猶向者坐據三千大千之必有，而遽欲小　天主而尊佛，乘浮雲，權泰山，其失略等矣，既明輪廻之必無，則禽獸可得

而殺與風、又可得而嫁娶使令、此理燦然、云何小巧迂譚
乎、人死其魂常在、必然之理、必如是然後善惡之報無盡、
然後可以勸善而懲惡、顧猶有不覺不力者焉、藉其泯滅
豈不令小人倖免而君子枉受爲善之苦勞乎哉、 天主
教與佛多有相左、至言靈魂不滅、佛教中亦有之、云何自
背其說乎、靈魂必滅、彼往生成佛生天者何物乎、輪廻六
道地獄受苦者又何物乎、禹湯諸君其靈魂必不滅、然桀
紂斯高等之殃罰、 天主主之、非諸君事也、此理甚長、今
未易罄、若言不行罪罰以証靈魂必滅、則三筆所載其爲
城隍其爲閻王甚衆、若將信之、其靈魂不在乎、其家子孫

童僕犯有過失、亦能誨督罰治之乎、此可謂輕於持論矣、其前生爲其家子、其轉生爲其物、佛書與小說書多有之、然而訛傳妄證者至衆、往往有載入刻中、傳播遠邇、而歷其地詢其人、乃毫無影響者、是知書傳所說、未可信也、萬一果有之、則是魔鬼憑依、以誑惑人、使從其類信之、是墮其計中、尤不可之大者、且此等傳記、皆佛入中國始有之、何漢以前、了無一人知前身事乎、佛果以輪迴誘人爲善去惡、宜使人明知之、云何億兆之中、僅得一二也、載於儒書、便爲可信、則今小說家汗牛充棟、盡皆實事、於理難言矣、

天說三曰、復次南郊以祀上帝、王制也、曰欽若昊天曰欽崇天道、曰昭事上帝、曰上帝臨汝、二帝三王所以憲天而立極者也、曰知天、曰畏天、曰律天、曰則天、曰富貴在天、曰知我其天、曰天生德於予、曰獲罪於天無所禱也、是遵王制集千聖之大成者夫子也、曰畏天、曰樂天、曰知天、曰事天、亞夫子而聖者孟子也、天之說何所不足而俟彼之創爲新說也、以上所陳

儻謂不然、乞告聞 天主、儻予懷妬忌心、立詭異說故沮壞彼王教則 天主威靈洞照、當使猛烈天神下治之、以餙天討、

辯曰彼說所引南郊祀上帝與詩書所言欽若昭事等以爲從古帝王皆事天也夫釋氏而肯言帝王之事天此吾所甚願也引孔孟言知天事天等以爲孔孟教人事天也夫釋氏而肯言孔孟之事天又吾所甚願也何者至是而天乃大矣不若向者三千大千之云至衆多卑微矣雖然其如背佛何佛既居大梵天王於弟子列其忉利天王亦不能當周天子之輿臺中國聖賢所事之昊天上帝則亦忉利天王耳堯舜孔孟等豈知有欲界色界無色界諸天乎若果以佛爲主則堯舜孔孟等亦所謂舍周天子不事而事其輿臺周天子所必誅臣事周天子者所必誅也今既

事佛矣又盛稱諸事天者爲宜參天立極爲集千聖之大成爲亞聖則是以周天子爲天子可以周天子之輿臺爲天子亦可也世豈有如是兩可之理乎既以爲兩可則彼居一天之下其中必實未嘗不以一　天主爲至尊無上未嘗不以諸帝王聖賢事天畏天者爲當然不易之理雖習聞三千大千之說習稱佛言不誑不異實亦未嘗眞見其然以爲昭灼無疑特溺於所聞姑爲之因仍演說云耳今設立兩端求其必定歸一從佛則　天主爲至微至果　天主必罪之從　天主則佛爲至妄至誕佛必罪之將何從焉必且首鼠兩難必不敢盡舍　天主而歸佛矣此等

意象出於人之靈心，不可强也，不可滅也，不可欺也。試人人捫心求之，誰獨不然乎哉。誠見其然，即是去僞即眞之機括。故曰吾所甚願也。若其兩難適從，惶惑無措，即當相與講論商確，研析幾微，務求至當，披剝至盡，豈有永無歸一之理。故曰辯者吾所甚願也。但云天之說，無所不足，何俟創爲新說，此又傷於率爾矣。若儒書言天，果無不足，更無一語可加，今來所舉，止於推演舊文，是則不名新說。果係新說，爲儒書所未有者，便可發明補益，又安知非足其所不足者乎。夫帝王聖賢言事天畏天等，信有之，然帝王聖賢自爲此，必教人共爲此，又必期人人盡爲此，然後謂

之帝王聖賢耳今天下果能人人昭事奉若人人明白事
事言言念念皆無毫毛過失獲罪於天則聖賢帝王所言
所願無一不滿眞可謂無所不足矣眞無俟創爲新說矣
若猶未也則帝王聖賢之志此時尚爲未遂果有待後人
之足之也然則堯舜孔孟而在今日撫此民物自知欽崇
奉若之志未爲暢滿必將求所以滿之之術如饑於食渴
於飲焉聞有傳述　天主之教教人欽崇奉若牖民使歸
誠於　天主祈　天主顧降祐於民究將使人人日日果
無獲罪於天者必且速致之按其書與言必共討論之論
之而當必尊信力行之何謂不俟新說乎事天者守其已

踳之說無俟於新所俟於新者必佛說而後可乎吾天主之教自開闢以來相傳至今歷歷自有原委其間一字一句一事一法不出於　天主上帝不由千百聖賢眞傳實授的然無疑者不以入之經傳誰敢自立一矩矱自撰一文言特中華遠未及傳近歲乃至耳非今日創為之新說也若中國堯舜孔孟言天事天之書火於秦黃老於漢佛於六朝以降又雜以詞章舉業功名富貴書既殘缺所言所事又未見人人日日設誠致行之何謂已足乎即使已足矣相與參求闡發又奚所不可乎若稍有其書有其言便謂已足則堯舜之後安用孔孟乎眞法堯舜孔孟

者必不據堯舜孔孟殘缺之言、而距人千里之外也、天主之能無盡、仁愛無盡、謗者害者無不憐憫之、誘接之、今者一言沮壞、謂且遽飭天討、吾安敢知、然言　天主威靈洞照、即又知有　天主、向者三千大千之說、果未能灼然無疑、又一徵也、不然、佛至大、忉利天王至小、果信其然、何得於佛弟子所命天神、飭天討乎、若眞見其不能討而姑爲是語、又犯妄言兩舌戒矣、余聞此翁天資樸實、有意爲善、特囿於本教、未能透脫耳、惜哉惜哉、

天說餘曰、予頃爲天說矣、有客復從而難曰、卜娶婦、而非已父母也、旣可娶、獨不曰卜殺生、而非已父母

也亦可殺乎不娶而生人之類絕獨不曰去殺而祭祀之禮廢乎彼難者默然以告予予曰古人有言卜以決疑不疑何卜同姓不婚天下古今之大經大法也故疑而卜之殺生天下古今之大過大惡也斷不可爲何疑而待卜也不娶而人類絕理則然矣不殺生而祀典廢獨不聞二簋可用享殺牛之不如禴祭乎則祀典固安然不廢也即廢焉是廢所當廢除肉刑禁殉葬之類也美政也嗟乎卜之云者姑借目前事以權爲比例蓋因明通蔽云爾子便作實法會眞可謂杯酒助歡笑之迂譚俳場供戲謔之諢語也然

使愚夫愚婦入乎耳而存乎心害非細也言不可不愼也客又難殺生止斷色身行婬直斷慧命意謂殺生猶輕不知所殺者彼之色身而行殺者二念慘毒之心自己之慧命斷矣可不悲夫

辯曰夫卜筮陰陽之說人世之大害不可信用也矧曰用以卜前世事乎害之中復有害焉且卜而可信則三千大千世界尚不知其有耶否耶宜先卜之卜而無有宜屛絕不言如是可謂能信卜者苟爲不然則其於卜也猶在疑信之閒秖以是爲權宜副急之策乃彌見其辭之窮耳何明之因何蔽之通乎今所論者輪迴之有與不有若依宗旨哉

畸人七克諸篇稍說其一二矣若信爲必有者願顯舉諸
篇對析其理勿以卜之一言姑借權比云爾也然則殺生
如何曰殺生不殺生不可爲功與罪有所附則爲功與罪
如殺生者爲事邪魔恣淫慾及和合諸惡事則殺生大罪
也如不殺生爲信有輪廻故是顯背　天主賞罰之正經
若世法擅改律令者則不殺生大罪也如少殺生爲事
天主故則愛物亦徵其愛　天主少殺生爲養人故則愛
物亦徵其愛人此爲功矣儻無所附麗其愛情全向於物
但能不爲輪廻而愛之者則非功亦非罪也若言盡不可
殺殺之者爲天下古今之大過大惡則　天主未嘗有是

命、古西土聖賢及所聞於中土聖賢者、亦未嘗有是訓。萬國君臣所以約束人民者、亦未嘗有是律。何所據而名之罪惡若斯甚乎、夫教訓法律、因於理而出、理附於事勢而見者也、教訓法律事理事勢、父天下古今之公物也、一物不可殺、即物物不可殺、一人不可殺生、即人人不可殺生、一時不可殺生、即百千萬年不可殺生、如此豈非自今以前上遡之至於生人之初、人人不殺生乎、果若是也、則世界安得有人矣、造物之初、先有萬物、然後有人、造物之主、本爲人而生萬物也、嘗命人主萬物矣、嘗命人用萬物矣、自生人之祖有方　上帝之命、因而鳥獸亦方人之命、於夫非以爪牙角毒鳥獸之猛，百倍於人，皆能殺人而食之，才智者出，不得已，作為五兵網罟之屬，以自救而制勝，因而食其肉，衣其皮，是食肉衣皮起於殺鳥獸，殺鳥獸起於自救其命，自救其命起於鳥獸之能殺人也，飛賊姦宄妄殺人，制治者殺之，鳥獸能殺人，何獨禁殺之乎，相沿至於堯舜之世，猶曰獸蹄鳥跡交於中國，是堯舜以前更多也，益烈山澤，禹治洪水，然後害人者消，益烈山澤不殺之乎，不殺能驅而放之而消之乎，自是以來，鳥獸之跡不交，食人之鳥獸既遠，人亦不得恒食鳥獸，於是稼穡之利興，則猶有食稼穡之鳥獸，稼穡盡稿之乎殺人也，於是作為蒐苗彌狩四時之田田者獵於田中去其害稼穡者此皆殺生之所自來也如生人以來　天主遂著殺生之戒則一蟲之微殺一人有餘矣況其他毒螫鷙猛者萬端彼得而殺人人不得而殺之豈能以生人之至寡當彼至衆乎堯舜之世去殺止之戒不烈山澤驅蛇龍獸蹄鳥迹何時消乎不為四時之田稼穡卒痒人不盡饑而死乎如此人類之滅久矣安得有帝王聖賢又安得有所謂佛者起而為衆生戒殺也則彼將曰生人之初固然至於今鳥獸不甚殺人人宜戒殺如此豈非自今以後至於百千萬年人人不可殺生乎果行此則數十百年以後世界又無人無

嚣之易蕃育也不殺之則亦不宜搏擊恐致死矣不殺不搏擊必將居人之居食人之食一蝗之類能盡穀一虎之類能盡人何況其餘毒螫鷙猛者萬端彼得而殺人人不得而殺之不出十年而鳥獸遍國中不出百年而天下無孑遺自然之勢也若曰我不殺之而能驅逐之捍衛之不知何法而可乎彼見今畏死之鳥獸避人不知不殺之後强者攫網弱者援豢攫人而奪之食矣度其勢不至於人殺之則必至於殺人殺生之戒又焉能充其類也乎必充其類將拱手就噬而讓此世界於鳥獸不知　天主造此世界爲人耶爲鳥獸耶如爲鳥獸鳥用生人如果爲人人

曷爲拱手就噬而讓之於鳥獸如必曰生人之初可以殺之、百年之後待其殺人也可以殺之特今世不可以殺之、即非世世通行之常法如曰他人殺之鳥獸既遠避矣不我殺矣我可以無殺之、即又非人人通行之常法如曰彼能殺人之鳥獸可殺之、此不能殺人之鳥獸不可殺之、即又非物物通行之常法夫我之法既不可爲天下古今之大常、佀之者又焉得爲天下古今之大過大惡哉故天主造物、無所不能、儻有意戒殺必不爲此鳥獸與人不可兩存之勢既有此不兩存之勢、即有可殺而用之之理即不宜有禁殺之教訓法律、故千古帝王聖賢止於愛養時、取節用之、未爲失也、豈可與肉刑殉葬同類其譏之乎、肉刑殉葬也、人與物輕重之分久矣、必欲等無軒輊、須界有輪廻而後可、輪廻又必不可得、有則人與物必不能等無軒輊、定有定無、儻未信者、請須後命、相與商求是正焉、蓮池棄儒歸釋德園潛心梵典皆爲東南佛者所宗與利公[illegible]蔑乎不相入也茲觀其鄙箚辯學語往復不置又似極相愛慕不斬以其所學深相訂正者然而於未能歸一俄皆謝世悲夫假令當年天假之緣得以晤言一室研義送難務暢所詣彼皆素懷超曠究到水窮源盡定必不肯封所聞識自錮本領更可使微言奧旨大豁羣蒙而惜乎其不可得也偶從友人得此抄本喟然感歎付之剞劂庶俾三公德意不致歲久而湮微深得失則余何敢知焉

涼菴居士識

七克序

人處函蓋中央如人腹內有心則人之與動也俱來哉故隨地啞然而啼矣亡何夭然而笑矣則順違之故也　順違所起以認墮地之已爲已而不復知無已之已無已之已靜也順已成好違　四是從殼漏子起見識與年長爲傲爲妬爲貪爲忿爲饕爲淫爲怠

大約撰為七種而究之不過嘯笑之變然其性初豈有巳旹常試辟之湛然者水乎波于風則跳如沫蹙如錢吼如雷水體非損也步焉而澄此湛然者又不從外得則巳性原靜也故謂風動水則可謂水體為風所壞則不可矣又試辟之土與人無愛憎也或埏為盂埾則宋玉惆悵埏為隴簾則負薪者醜之矣

又或埏以爲鬼神遂走百家之社其埏以爲缾盂人得而器用之而不知卽前日之土偶解其埏則愛憎敬又亡矣世間一切可喜可惡可恠可常之境皆埋土之類則物性亦靜也故謂土有異埏則可謂有異質則不可坐惟于靜中執一私己于是熠熠釰瑣膠固而不能自脫故樂記曰人生而靜天之性也感

于物而動性之欲也物至知知然後好惡形焉好惡者吾之所爲啼笑也感于動而後有者也第不曰情之欲而曰性之欲明動之體原靜也不曰感物有知而曰物至知知明靜之用即動也好惡非性病也附于已則物至而人化物矣物至而人不化則以無好好無惡惡如嬰兒曰嗄曰笑尚不知有已何知有

順違只為墮地有已此已一生七欲並作譬蛾之赴火以有蛾已故蚋之聚醯以有蚋已故蚋不赴火以無蛾已故蛾不聚醯以無蚋已故以至秦越相非肉素相嘲各以已故已者欲之根也如賊帥然吾夫子曰克己復禮克己者主靜之謂也主靜則己無泊處而欲自克如太末蟲處處皆泊而不能緣于火燄

之上以火能克之也凡師之勝敵曰克摧堅陷陣者果也廓清剪除者毅也伐謀銷患者豫也顧師不靜則敵不可得而克矣即求賊所在而撲之可名曰戰而不名克此克伐怨欲不行而非仁也雖然弓矢弢則與枯株無異弢弓矢不若弢空虛者之無觸也乃天下不少矢之殺人者求其為枯株亦何可得哉

順陽龎子哀世人之多欲作七克以覺之曰伏傲曰平妬曰解貪曰熄忿曰塞饕曰防婬曰策怠讀之若立射候之下不覺令人恭可以折慢憧若鶬鶊之 愬㦝青棠之蠲怒饕餮之懲貪澈笱之刺滛 王策怠一篇又可以為寙夫之柱策一寓目觧有不憬然悟者苟可以殺弓矢而止其殺人之用于世教不無大

補也春秋抑祖之會而進黄池嘉其冠端而藉乎成周爲得尊王之體耳夫吳王夫差曰好冠來好冠來慕　國之冠尚猶予之況慕義而來藉聖人之言　者耶雖不知有當于主靜與否亦可謂善藉矣故不穀樂爲之弁其端

上饒鄭以偉撰

七克引

西極之國有畸人來最先西泰利氏次順陽龐氏有綱熊氏偕徒友十數絶海九萬里觀光中國斯亦勤已所携圖畫巧作及陳說海外謠俗風聲異哉所聞如漢博望鑿空第云天馬筇竹特稗師之街談耳諸公大雅宏達殫見洽聞精

天官日曆算數之學而猶言名理以事天帝爲宗傳華語學華文字篝燈攻苦無異儒生真彼所謂豪傑之士也耶七克一書順陽所著大抵遏欲存理歸本事天澹而不浮質而不俚華而不穢至稱引西方聖賢言行有鴻寶論衡之新無鄭圃漆園之誕薦紳先生家戶傳之

即耕父敗夫耳所謂天門火宅亦凛凛
如也同文之
朝大收篇籍詎可令沉冥五都之市哉
孔子論仁於視聽言動之四目而以禮
克孟子論性於口鼻耳目四肢之五官
而以命克鄒魯相傳所以著道之微安
人之危千古如日月經天不意西方之

士亦我素王功臣也

南州熊明遇題

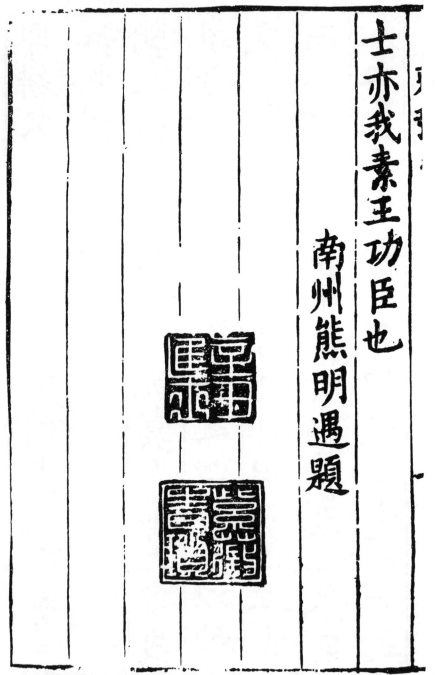

七克篇序

曩余年方垂髫即於天主耶穌之教竊有聞也蓋吾鄉之舶於海者與大西人遊歸篤余言天主耶穌之教以事天地之主為主以仁愛信望天主為宗以愛養教化人為功用以悔罪歸誠為入門以生死大事有備無患

為究竟余聞其說而心嚮焉其後二
十餘年以待次都門得交西泰利君
持所聞質之利君輒大詫因得畢聞
其說所謂天主實義疇人十篇者每
閱卒篇余亦復大詫謂與周孔教合
其後復因西泰以交順陽龐君一覩
而稱莫逆一日龐君過余曰東方之

士才智絕倫從事於學者非乏也獨本領迷耳夫學不稟於天而惟心是師辟經舟洪洋而失其舵也其弊方且認賊為子認邪魔而為天神也嗚呼殆哉余曰唯唯否否夫戒慎恐懼以率其天命之性而達於上天之載此吾儒真本領真學問也但恐愚俗

不知天爲何物而以爲在於蒼茫窮
宜之表故權而詔之曰天即在吾心
是也而後之學士遂認心爲天以爲
横行直撞真機旁皇擺落規條快樂
自在而卒流爲無忌憚之小人是豈
周孔之教則然哉龐君殊擊節余說
因持其所論著七克篇示余余卒業

焉其書精實切近多吾儒爾雅稱至其語諄諄字字刺骨透心則儒門鼓吹也其欽念念息息皈依上帝以冀享天報而永免沉淪則儒門羽翼也且夫克之為義孔顏稱之矣一日克已天下歸仁並育並行聖神極事而其工夫惟曰非禮勿視聽與言動而已

無高詞無侈説真積既久上與天通是故孔門之教期於達天顏子之學謂之乾道故四勿也七克也其義一也或曰學貴達天固也奈之何其覩天報為也余曰否否豫不圖熟乎工不圖良乎鹵莽而稱熟器苦窳而稱良其可乎所惡於覩者謂人世之報

耳天德無際天報無涯圖天之報俛焉日有孳孳惟日不足此文所以繩亦不已而孔所以不知老至也奈之何其諱言報也周孔黜人世之報以虛其心大西希出天之報以實其證東西南北聖聖一揆豈非然哉龎君以序屬余余不文特次第其語而為

之序

賜進士第出身

欽差整飭武德兵備山東按察司副

使陳亮采撰

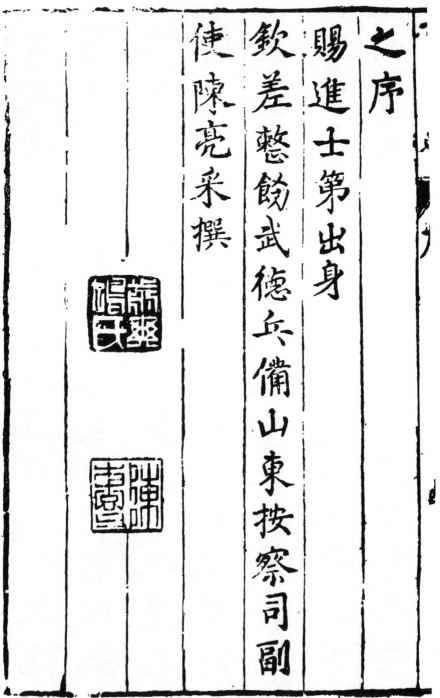

七克自序

人生百務不離消積兩端凡所爲修者消舊積新之謂也聖賢規訓萬端總爲消惡積德之藉凡惡乘乎欲然欲本非惡乃 上帝賜人存護此身輔佐靈神公義公理之寃伻人惟汨之以私乃始罪僁萬狀諸惡根焉此根潛伏于心寸而欲富欲貴欲逸樂三巨幹剏發於外幹又生枝欲富生貪欲貴生傲欲逸生饕生淫生怠甚或以富貴逸樂勝我即生妬奪我即生忿是故私欲一根也欲富欲貴欲逸樂幹也而生傲生貪生饕生淫生怠及妬忿枝也種種罪誆非義之念慮言動七枝之結爲實披爲葉也地獄之

火此樹薪之故曰去私欲而獄火自無矣世間疾憂患亂身心不寧皆由食此樹之實而作者拔此樹于世而人皆天神也視人如巳視死如歸天堂境界豈遠乎哉然而克欲修德終日論之畢世務之而傲妬忿淫諸欲卒不見消讓仁貞忍諸德卒不見積其故云何有三蔽焉一曰不念本原二曰不清志嚮三曰不循節次夫世之傲然自是者咸謂修德克欲之力量我自能之不知自有生來但有一念提醒莫非　天主上帝賜我者富貴壽安微忻之福有一隙之明者皆知出于　上帝而克欲修德敢益勤務妄自認爲巳能謬執甚歟如知力量悉從　上帝而出其於

並事祈隲自不容己迨德成欲克皆認　帝賜也彼謂我自能之不緑　帝力乃由傲魔所中忘却本原冥悻自是闘諫則沾沾自喜稍拂則謂非所應遇而怨尤不已此其所修何德哉凡人善惡係於所志有善業而無善志猶人形而無靈神非人徒人形耳輕舟利車濟人於難而人不賞其功何者舟車有功而無濟人之志耳修德克欲者惟是蠲潔其一心以媚茲　上帝其志足貴也次則志羡天德之美也次則志在乎生享淨心之樂而身後獲見　天帝與神聖耦也若修德而雜之以富貴榮名世福之望則所修非德乃修他欲而襲德貌耳非以德攻欲乃以欲攻

欲耳舊欲未去新欲且增墊焉夫德所至忌世福之美也袪欲者所攻正攻此羨世福之俗腸有所攻以積德又操所忌以毀之德烏乎成故志嚮不可不清也凡有志修德者必曰吾必使無絲毫人欲之私語甚美矣第言之易也行之難也一言而盡百年不能迄攻一欲難於勝一國矧併攻諸欲乎且德之初修也甚微甚弱而欲之初受攻也方鉅方强以微弱之德攻鉅强之欲意徒銳而欲彌增旋廢業而反受其害夫克私欲如拆舊屋也先拆址若室復材破人受壓焉先拆甍簷漸至於柱礎則材與人不傷而功易奏是以克欲者須一一別攻之始于易小俟德力滋

鉅矣乃始漸進於難且大者以漸滋致精道路更穩如適于亟易于礙墜故曰進德如升梯謹行勿奔奔必隕不控于地不已矣亟修而無度非自恃而後蹶即速斃而委頓耳此不循節次之咎也迪我八萬里外異國之旅番商
天主靈慈悟此世福至暫至微匪堅匪駐轉思身後實真永年禔福爰從耶穌會教習聞豪傑光闡之旨正己化俗憫夫邪說充塞不知　天主為人物真主不思天堂有真修捷路乃偕數友東來九死一生涉海三載而抵中華中華語言文字迥不相通苦心習學復似童蒙近稍曉其大略得接講論竊見有志儒賢多務修德克己之功同方合

志萬里非戀第緣三者之蔽陽寔各未一因繹所聞及所嘗
闡一二以資印可夫人心之病有七而瘳心之藥亦有七
要其大旨總不過消舊而積新積之之極以積永樂永慶
消之之極以消永苦永殃焉諄諄箴砭良費辭說蓋緣人
心如口也口各嗜其味故饌各投其嗜德一而已衆言錯
陳固析俎之不一臠也惟嗜者之所染指如曰支離其辭
以支離其德則迪我焉乎敢焉
萬曆甲寅孟冬望日龐迪我題

天主教要言罪宗七端

一謂驕傲

二謂嫉妬

三謂慳悋

四謂忿怒

五謂迷飲食

六謂迷色

七謂懈惰于善

又言克罪七端有七德

一謂謙讓以克驕傲

二謂仁愛人以克嫉妬
三謂捨財以克慳悋
四謂含忍以克忿怒
五謂淡泊以克飲食迷
六謂絕欲以克色迷
七謂勤于
天主之事以克懈惰于善

七克卷之一

西海耶穌會士龐迪我譔述
武林鄭圃居士楊廷筠較梓

伏傲第一　凡十支

傲如獅猛以謙伏之作伏傲

傲者過分之榮願也。其端甚多。綜紀有四。以為善從己出。不歸天主。一。知善從天主出。而因己功。二。伐有所實無。三。輕人自以為異於衆人。四。自滿自用自驕自誇。好勝人好異。好名。戲侮人。爭鬭不恭敬。不孝順。飾罪詐善。皆傲之屬也。天主聖經云。傲之子。萬罪宗。畜之者。必滿

其禍災

聖尼勒卧畧曰傲爲百罪之王一入於心罪惡萬端羣從之一不獨至善德萬端俱去之一不並立何也他欲倍德以一對一而已忿倍忍妬倍恕一雖壞他未全壞惟傲反謙謙爲萬德根根毀矣德安積故傲雖一罪萬罪總焉

物有決然相滅者莫若德與傲丁香樹性至熱樹之其旁草木悉枯後栽者必不生蓄傲于心德不能入有德在心傲亦滅之徒存德態絕泯德性故曰修心以攻欲爲急攻欲有先後不先攻傲而攻他欲他欲不去傲去他

欲易除矣聖契理瑣曰先除炫人之情他情易除
聖若漢有言傲之敗德每當其成如載重寶涉狂波危險
過矣急于登岸賈勇爭先覆舟失載反由于此我欲修
德風濤洶湧以蕩我巉巖錯剌以破我幸而獲全顧以
全衆乎
上帝惡傲何故萬善萬福皆天帝賦予傲者以天賦為已
自有若斯倍負是以所受於天帝者反與為敵讎也天
帝豈不與為敵讎哉世人皆天帝所育皆所慈愛傲者
心心事事惟願尊已盡人類欲凌轢低抑之則天人交
惡焉故他罪離於天主傲罪遠於天主妒奪人怒奪我

儆傲天主

或問天主讎傲，猶有在高位者何故。曰。使傲人登高，非增其榮，獨重其隕。聖百爾納謂傲者曰。爾漸級而登，不漸級而下，乃暫然疾如霹靂也。

西有國王傲甚，聞誦天主經者曰。天主黜尊者於高位，而陞謙者。曰。此語可刪，如我今處王位，誰黜我，誰陟我上乎。不數日，王幸溫泉浴，置衣于室，從臣俱避去，忽有天神肖王之容，衣王之寶衣，而易敝衣置之椸，遂出，諸臣以為王也，扈從歸朝。王浴竟，呼無應者，索得敝衣，甚惟之，強衣之出，索從臣，悉已去，益惟之，獨行入朝，則王在也以爲妖異見。寵臣問曰爾識我乎。臣弗識曰我非爾王耶是臣笑以爲狂言而逐之王不勝憂憤自悟曰此不虞之患正以責前日之傲言矣退悔痛哭矢必悛改求上帝赦之夜入朝毋念前日之榮。念今日之辱苦哀嘆不息。一夕。朝臣俱散天神出問曰汝今已知世國之與奪權在天主乎。天主奪不必干戈也。王曰。目擊身受曷敢疑神曰如是仍衣汝衣服汝位但今以後宜敬信上帝全能勿以傲言別致重殃可也言畢不見王爲故王矣而內宮外朝無知者後王自言之乃傳于世矣

傲入於心。心日遂驕正平之義忽盡失。他人爲善雖大

必厭惟己所爲。雖小自喜。人有功輕之抑之。己有功張大之。視己在上。視人悉在己下。人有成事。必謂有缺。非我經營補綴不盡美也。自矜其德。欲人信其有是德。自責其過。非欲人信其有過。但欲人譽我能謙耳。偶有以是過責之。必甚怒。每事自用自信。獨於己事。則不信己而信人。自奮無才德。有以才德譽之者。輒棄所自信。甚信彼言。傲者之情。一一如此。自欺之至也

傲者自視過高。謂細務非所當爲。人又卑視之。謂重任非所能爲。己則不肯爲所或能爲。人又不使爲所欲爲。自棄亦小。人棄之於大。棄人矣。貪貫無厭。貨直無幾。而高

誕其價。不肯以實直售。人亦不肯與以所求直。是終不售而已

克傲難一支

言其要者。必已醒識其惡者。必始遷善矣。治病之始。須識有病。若病不認病。而不求治。則難愈焉。傲入於心。輒瞢心目。不使識有傲。而妄認有謙。故傲彌深。自視彌謙也。傲病曰痼。無由療矣。人行他惡。羞而匿之。惟傲者。明行其傲。不以為羞。反以為榮。故其染人益易。其除去益難。亞吾斯丁聖人曰。人積諸種情欲。懼其為罪。懼之乎惡。惟傲一端。懼其為罪。懼之乎善。何者。德與傲雖相反。德志

一忒則以德生傲。甚害于德。雖有德形。全滅德性。譬之蠹然。以木生。而害木也。皮之徒存。其心槁矣

他欲攻形傲攻神。惟神至微。故攻我者。至險難避。他欲攻我。止於一面。傲之攻我。挾美衣亦來。挾美貌亦來。挾仁亦來。挾義亦來。挾智亦來。甚而挾謙亦來。四方八面。無不來也

魔計詭矣。不能以其惡勝我。則以我所勝彼之善。皆入而勝我。他欲攻我。惟以惡貌。易識易勝。傲之攻我。初以惡貌攻。不入則變貌爲德。以攻我。如以傲貌不勝。即貌爲謙厚。以富貌不勝。即貌爲輕財。以貴貌不勝。即貌爲謙

謂以才辯貌不勝即貌爲靜嘿我顯行善彼以顯行善攻我我陰行善以避顯行之傲彼以陰行避傲之善攻我我既全避他傲猶以避傲之傲攻我譬之剝葱去其一內復有一百剝百有墨魚體無定色隨所居水爲色欲攫他魚輙伏石色與石無異他魚以爲石也或就之藏焉亦以此避他魚之攫也夫傲亦如是不能明爲邪即貌爲德我欲察而袪之彼亦然

他欲雖大至死則止惟傲發尚形於棺葬尚形於墓永世不已他欲受克漸次消瘁不復滋長或易其處或易其職數如洪湯去其薪火稍得平矣如色慾多剏發老則

息。如忿怒忿怒則去、靜則却、惟傲一納於心。時處附着焉、或動、或靜、或言、或嘿、或衆、或獨、必不可離。且不可掩。身能老、而傲不衰、日以益甚。我易境、而傲如境、我易業、而傲如業。愈仆偃以勝之、愈鼓力而復鬪、我克之已力、辨之已精、彼亦已就滅絶。滅絶之中。復增猛烈、譬猶蹴踘、撲地滋重、騰激滋高、故傲之一念、先發後勝、德未至、念已芽。發之先也、德已成、害尚存。勝在後也、譬如裏衣、衣之最先、去之最後。裏衣不去。終爲蔽體、傲氣不去、終爲蔽人

傲念配善行。如黑影配日光。一面有光對、而必有影配之

至目在頂光直下照然後四面無影耳我欲德之念未全向天主其光必偏傲影乃附惟正德純心一一與天主對上下相合全身是光傲無自來矣

戒以形福傲二支

試問傲何故乎爾盍思爾生從何來將從何往今復何爲言爾來則天主造爾也爾以前是何貴重物無爾也無爾則賤於獸微於草浮於細塵者爾也言爾往往於土耳爾非永久物未及百年穢灰而已言爾爲獨有妄想妄言妄行在皆取罪者也有何聰明有何智巧有何力能乎夫前爲空爾後爲灰爾今又爲罪爾爾如是止矣

而且傲嗟哉，百爾納語人曰，爾思所從來，甚可愧耻，思今所在，甚可嘆哭，思所從往，甚可戰慄，人恒存此三思，傲當自滅矣

假令有人手數銖錢，自謂至富矣，沾一命，謂大貴矣，生未及暮，謂永壽矣，如是者孰不笑之，無以其見彼而受微乎，嗚呼，笑人而莫覺有笑我者，我取富貴榮壽於世，而笑世之貧賤夭折人，以多笑寡，宜矣，然此世雖多亦寡，雖全亦缺，況我所當爲前古後今中一息，我所居爲高天廣地中一塵，奈何以此寡缺之世，取笑于得全福乎天者哉，我視世世，分多少，以天視世，世世無分多少矣，以

存視令。令分有無。以亡後視令。令無分有無矣。惡得自恃而傲乎

夫人任所感觸。但一面想。皆可引使改傲爲謙也。或作內外想。或作上下想。或作平等對境想。想外者。人有智能才德。我或無一。如人。宜謙矣。想內者。我有罪過。天主所惡。天神所厭。有邪欲可防。有善固借之于天。有才智固學之于人。所知雖多。所未知必尤多。我又謙矣。想下。下有地獄。以罰有罪。甚可畏。有鬼魔能煽惑我心。殘害我身。非天帝祐我。我不能防之。獸勇於我。禽捷於我。草木或花可視。實可食。各有用於我。我不能有用於物。物皆

能無用我。我不能無用物。我又謙矣想上。上有天神。其人
性情盡于我。我恒賴其保護。以避世患。又上有天主人
不能奪其能。不能晦其智。不能違其義。不能槁其仁。孰
得外之。又孰得强之。我又謙矣。想平等對境者。我儔類
甚多。計筭皆至。憂患紛集。遇之必傷。逃之無術。我又謙
矣。想及諸種種。猶不去傲存謙乎。未想耳

戒以心德伐 三支

有人欲擇地修道。問於賢人曰。靜處與囂處孰安。答曰。自
責不伐。兩處是安。不自責喜伐。兩處是危。故存一喜伐
念。獨知衆知之害均也

傲伐有三端。隱而自喜。一也。顯而自譽。二也。遇甘言受之三也。兩自內出。一自外來。隨德起。傲隨傲受傷。初結念時。辟之種果。此時傲種。朽不生。已行踐時。辟之發芽。此時傲芽蠹。不長。朽蠹內出也。迨成就時。辟之番枝茂實。此時以受人之甘言傲。是風從外至。枝摧實散。遂以不成

僕者以主貲而易。不染指。則忠。否則賊。善言美行能才。天主所賜我貲。以售天堂永福。廣天主榮名。誨勸人爲善而輒自伐。以圖己榮。榮。染指矣。盜罪曷逃乎

人最善。而不以善歸上帝。乃最惡也。聖博納文曰。爾將使物歸己。僭爲物主。魔之徒也。才德智能。原出天主。妄謂

已有。是則甚愚。若其知之。冒為己榮。何異穿窬乎。爾能先除其不屬爾者。餘則許爾自伐矣。試除其不屬爾者。則當除才。除德。除能。除智。復且除已。終歸於無。伐其無。可乎

自矜其德者。非因有德矜德。乃因矜德行德也。即後可以徵前。天主聖經有言。兩人登天主堂。祈祝天主。其一才智榮名過人。其一無賴也。才知者近立謝曰。謝天主獨厚我。俾我異于他人。他人奸淫盜賊。犯義。又大異此無賴人。我一七二日齋。捐己財什一。為天主奉敬。謝天主。無賴者。望遠跽。不敢仰視。拊胸籲號曰。嗟乎。天主憐

我罪人。耶蘇（天主降生名號）判之曰。此人惡顧自悔自下。入時罪人。出時潔矣。彼誇者。以傲以滿自滅前善也。出時愈汚矣。才智者。以德取傲。傲存而德亡。無賴者。以罪取謙。謙至而罪滅。德反爲罪。惡反爲德。故曰以美食自病。不如以毒藥自療。以美德自傲。不如以惡罪自謙。又曰傲與德兼。德全滅。況與罪兼乎。謙與罪兼。罪全滅。況與德兼乎。鮮衣行乞。安能使人憐而衣食我。我欲見憫於天主。宜露所不足以動之。匿醜於行。矜誇其德。天主憫我乎。憎我乎。故恃有餘不知求天下之絕貧也

百爾納責自伐者曰。爾所有特天主已授爾。人所無特天

主未授人。豈可以天主之賜。貴爾而賤人乎。受愈多。爾責愈重。以此自伐。猶伐爾責多。而賤人之責少者

百爾納曰。水之原。海而已。江湖皆流也。凡德之原。上帝而已。善念。善言。美行。皆流也。江湖復歸海。故能環轉不窮。才德受而復歸上帝。故能生成不毀。爾有才德。勿自恃生虛喜。而輕他人。須念非自我來。悉惟帝惠。既能與。即能不與。雖已與。又能復取。我其寄也。何與而驕哉

我原非從我出。今存我。又非我自存。我主不能爲我。況我所有。奚能爲我乎。性命受之天帝。則才德功績。性命之衣飾。我曷與耶。有眞德。則榮讚。益報兼配之。榮讚歸上

帝益報歸我矣若以榮讃自歸并益報俱失也故誠德之士有美德善功聞讃譽則瞻仰上帝而頌謝轉歸之是以功德愈盛益報愈定

昔賢與數輩渡大江舟覆溺將死仰天祈祐天主使神援登岸忽自念以功德之盛獲救于天也俄馬躓蹶焉始覺傲心之罪惕然改悔求赦幸而不死人也恃上帝之祐險中乃安恃其功德安中乃險

人不先自欺孰得欺之不先自喜孰得喜之百爾納所遺聖跡甚衆四外聞名辭曰我聞聖跡之眞者誠成之僞者假襲之我自視無誠德在亦無假行在跡於我何與

乎天主留以訓世。勿以名我。夫上百人之行。不勝夫下一人之心。萬口之共尊。不敵夫一念之自賤。聖人如此

或言爲善者。我爲之。如工人作器。工人作之。伐何不可。曰其故有四。雖我爲善。非得天主佑我。不能爲。舟隨水下不能逆水自上。魚自入笱。不能自出笱。土自生荆棘。不能自生百穀。人情自向惡。非天主助祐。不能自善。故而[illegible]

經曰。凡嘉惠從上來。自大父降。又天主謂人曰。爾損[illegible]自作。爾祐悉吾降也。故爲善之與。宜歸天主。不應自[illegible]一也。善之合否。我難自定。若曰聖人亦曰。我心雖純[illegible]我自不能知。故凡人今世爲善。如夜作事。夜作之事。不

至白日美惡不分人爲之善不質之天生孰能豫定其眞僞乎聖葆蕤曰我察已無惡未必卽是善蓋判我者非我實惟天主二也吾所爲善雖似至純鮮不缺誤參雜精不必無滓我所爲惡則純惡係我自爲我所爲善未必純善又非我所自能爲也未成之工工人不以示人未成之善人宜視以自愧可自伐乎善雖多端苟有一惡終爲無善故爲德如守城一陴之戕萬堅無益三也德非堅久不動物安可一時自恃如戰未訖事孰可言勝形忽變遷至無常也故德之全處受攻乃見德未受攻堅瑕未試未可謂眞德況自伐乎四也

戒好異 四支

傲者以爲異於人。如自立山嶺。視其下。如蹲烏也。以爲我高矣貴矣異矣。不知我遠視人。謂衆烏在地。人亦遠視我謂一烏在山

亞利思多西之名士也。聞有自伐其異者。訓之曰。爾人耳。何以異于人。異于人者。非人也。上則天神。下則獸。上者不能同下。者不欲同。亡若與人同乎

默搦加甚傲。欲人敬之如神。奉之如天帝。費理簿王欲誚之。一日盛饌宴客。設別几延默搦加。默搦加以爲王之待已異衆人也。竊自喜。坐定。王命于他客進一饌。則于

默搦加進一香猶以王爲異視已也益喜終席如是衆飫矣弗復下肴慚極而去

人欲異于人者多知所以異于人與行所以異于人者寡矣異者非常之謂也志言行異於常即異也富貴同欲也爾知爲微覽不永久物偶得之如未嘗得之未嘗得之亦如已得之不以得失分樂憂則異人矣與同欲也爾知爲速過之風不掮善以取之不陰心以圖之則異人安逸同欲也爾知此安逸與禽獸等人既異于禽獸不宜同樂所樂于是圖爲善以生心樂勿爲形樂則異人若也求世所等求得世所等得何異之有

戒好名　五支

契理瑣聖人曰。爾未嘗與天主。天主何從報爾乎。夫人爲之善。人耳。何益天主。而稱與之。惟爲天主爲善。是則與天主也。故天主受之。以定其報。若行善圖名。心本爲世得世名。報施稱矣。於天主曷與乎。忽至死時。何所恃以易報于天。而免永刑于地獄邪。聖經曰。爾賑窮之時。右手所爲。勿使左手知。秘密而行。爾父則報爾。又曰。卽爾行善。愼勿顯行使人視。不者。無報於天

人之爲善。與其爲人爲。無寧不爲。不爲者。在天無得。在世亦無。大爲人爲者。在天既無得。在世復有失。有如食飢

衣裸一切諸行孰謂非德實費貲財或費心神實[illegible]
矣虛名也得非得也聖亞塞捏曰爲善求名如實源[illegible]
此人彼出不問多寡也所存惟行德勞苦與輕取德之
罪而已矣
有物于此昔日可得百金今日亟以微價售誰不笑之德
至重寶也不能善藏以徐待報于天而以虛名微價輕
出迫售哀哉
吾人無可不行善之時惟顯善之遲速自有定候天主操
之我無與焉非時而露使人見稱路旁果也人人取之
安問其熟百千萬果竟無一成

我有寶賄明示人是誨盜也譬欲語人女何不知我此寶則是語人女何不取我此寶德身寶也爾急露之羨者歎賞令爾自喜娼者訾議令爾懼而輟或不忍而怒此皆消德損功之緣矣故脩德宜如播麥播麥者喜寒畏熱方種之時其根最淺一遇風熱即芽蘗乾枯無復此麥故種德者務居於靜以深其根後雖有稱毀之風熱犯之終不搖矣

聖賢修德之意惟是媚茲上帝徐以俟報于天若夫污其德虛天報莫名媿若矣露德求名之罪甚於乏德故聖賢修德之志不加於藏德之志其避世譽也甚於[illegible]

願得世譽也。罷西畧聖人曰。吾于當世名。微獨不敢與之。縱偶值。亦不敢納之。恐今世之榮。即不及滅我德。亦必滅天報也。

係辣戀聖跡甚衆。名播萬方。來訪者日衆。聖人不悅。數徙避之。不獲。而哭。門人問故。荅曰。聖經云。凡欲循仁。必受窘迫。吾老。前輩諸聖賢有實德者。無不因世苦辱。窘就其德。以蒙天報。今敬譽我者多。恐天主以是足我報於世乎。

泥哥老之鄉人貧甚。有三女。長而未嫁。暮夜挾貲潛擲其家。是人得貲。嫁其長女。復擲如初。嫁其仲女。終莫解所從來。私謂仁功未竟。仁心當未休。吾有少者在。必復來也。陰伺之。果至。擲貲而奔。急追得見。甚感其恩。問何以報也。泥哥老曰。我之行此。惟爲天主。故恐人知。當我生時。爾弗告人。是報我矣。嫁女如親。避人如盜。藏德以避虛譽。聖人也

毋塞身隱一陶。名彰萬國。有貴客往訪之。途見老者曳杖來。以爲知毋塞者也。詢之。答曰。毋塞落拓人耳。丰儀不足象修行。不足尊奚見爲。貴客聞言。廢然而返。以語其友。知即毋塞也。益嘆服曰。向聞其聖者未試之。今目擊矣

厄勒卧畧曰傲者實知我無是德以是譽我乃無弗喜不以天與實德之失爲憂惟以人與浮名之得爲樂謙者異是譽言之至二一自反反之我無是毀詆我無也我愧而脩反之我有是飄散我有也我懼而藏經曰試金納之紅爐試人納諸譽口僞金入火隨烟而散眞金入火彌鍊彌精譽之於人虛德遇之輒生虛喜故消實德遇之輒生實懼故長

實德如活物也無待于外自能行故不以外譽去來爲我行止惟虛德乃待人譽之笛本無聲氣吹則作冊本無力風御則行氣息風收頹然而已西有不類者謂人曰

爾不示人美以引人譽而入市寂然對人默然是才是德爾何與乎衆皆怒而逐之古盛德者沙哥博嘗曰我願當世善人諸苦患一切我身代受而彼得免苦患者謂我罪重罰深無復憐我我最樂此不類者之德死德也向人之風得之則行失之則止聖人之德活德也向於天主譽來不驚去亦不寂

智者如日自有之光常存不變風霾雲霧障而不消愚者如月借光於外隨外聚散以爲消長眞德常榮即有毀者能掩不能減僞德榮於人口一時虛譽似若可矜稍不遂意微已沮喪故隨譽聚散用爲消長倏崇倏卑倏

焉消鑠閃忽不定無刻可同何足自恃哉
雕者玻離隔國工也嘗作二像自信精絕藏其一出一示人某曰此處嘗何似輒易某曰此處當何似又輒易某曰此處當增輒增當減輒減已視之則成一怪形矣出者驚問故乃出藏像示之曰此此大我獨造者如是此也爾共造者如是人心百千萬異我欲人人稱美則合百千萬異安得不成一怪乎
德猶珍珠譽猶市衡以市衡衡吾珍珠平乎哉德之能出於天德之權懸於天多寡之數惟天主能判之天主之衡至定至平是而多實多也以我衡或以人衡而多未

必多如輸稅者有王府之嘉量在我量謂多公量謂寡多乎寡乎

行善而無心名譽名與隨之其眞能作德眞能輕譽也有二美焉有心名譽名譽去之其所重浮名所喪實德也有二辱焉故曰榮名隨德如影隨形我向影取之愈去我背影避之愈來何者名從德生當隨德至避與存德名何自去逐譽敗德名何自來乎不問形黑形白均一黑影影非有物惟是無光榮名或生於眞德或生於僞貴莫非黑影無實可持惟係浮思虛想得之虛想樂之而已

人有重寶不欲寄人必十襲藏之緘縢扃鐍方爲寶於天下之寶貴寶貴莫如德藏德之器堅莫如心邪魔不竊盜賊不竊隨索隨得人口無鍵之櫝我寄之人口能永存哉寄之人口則得與不得不在我惟在彼彼稱舉則得毀詆則失奚爲我有哉尼勒卧畧曰實德而冀人譽賤其德者也

戒詐善釣名　六支

無有微價可得貴物者有之則贋物也不則竊以來也更不則售物者愚耳德爲至貴重物顧以虛名之微價售之贋乎竊乎其愚乎

鷹賤鳥也。卑飛附地，以取腐鼠于地也。或高飛向天，非欲向天，見腐鼠而欲搏之，故高飛以伺便也。好名者得獵名之便，則言貌飛出衆人上，一似天上人。察其志趣，惟望假榮虛譽之腐穢物，飾行相矜，下而取之。夫鷹得腐鼠，能救其餓，尚爲有益。人得虛名，不滿其心，又隕其德，不亦賤於鷹乎。

西有死海，海濱有樹，果色甚美，見者愛而採之，着手即破，中皆灰烟，一無所有。假善行以取虛譽，類是果矣。經謂之有蓋外設色，內朽骨也。

詐善非善，乃倍二惡。不善一，詐善一，詐善之害甚于明惡。

聖契理瑣曰爾旣以善貌爲美而欲張之善體更美矣不欲得焉以惡貌爲醜而欲匿之惡體更醜何不欲除焉旣不欲得所顯善寧顯所存惡庶不以詐善欺人亦不來詐善之欺受人欺也

好名者似善非眞故最忌眞善使以假善之勞移之圖眞善則善神與善貌兼之而顧以其力造惡又以其力飾之力費者倍善失者全矣

戒聽譽七支

聽樂者美聲曠耳靜時猶聞隱隱自思習業俱廢矣聽譽者美言曠心過時猶憶欣欣自喜實德實行習業俱弛

矣故曰智者傾耳以聽與譽則愚既聽而自喜則狂也人情變態無常其譽我欲毀我也我愛譽彼以是毀矣童兒嬉戲衆推一以爲尊焉楮爲其冠翎爲其帶相與呼拱而崇奉之然一爲所推即嘻然而聚笑矣

面譽者如鏡無不似也無不反也我在左彼在右我在右彼在左諛人之言是非喜怒悉悉如人而其心準背評又悉悉相反矣始以諛人之既以受諛謂之聾也口甚甘尾乃毒取其蜜受其螫

寓言曰烏棲樹啄肉狐巧獸也欲得其肉詭諛烏曰人言黑如烏乃濯濯如雪殆可爲百鳥王乎特未聞和鳴聲

耳烏大喜啞然而鳴肉則墜矣狐得肉視烏而笑笑其
愚且笑其愚也彼面譽爾者若以爾爲智必知爾不喜
譽而弗敢爲譽惟有求於爾不得且意爾爲愚可欺乃
面譽以增爾愚而得所欲得焉一已得且譏爾傲笑爾
愚也爾奈何傾耳以聽虛譽而取笑譏乎

猴也不能守如犬負如馬耕如牛使人笑悅而已面譽人
者不重實行有益之事而獻虛譽使人笑悅而已與猴
何異

面譽之害甚于面毀毀者揚人惡使人識已而自下譽者
掩人惡使人忘已而自上凡勤則畧曰過艱難而不失

其正者多値稱譽而不失其正者寡矣塞搦加曰離人於正莫如喜聽譽也

面譽者繫人於惡惡者畏諫則止不畏諫且聞譽曰沉淪於惡不自覺矣亞吾斯丁曰稱譽者多而諫責者寡則驗天主之甚怒也

智者耳聞譽其心若撻諸市焉西有賢王辣第思老或頌其德王手撾其面或怪問曰彼譽王王何撾彼答曰我正報彼彼先撾我耳葢受諛與造諛罪等我縱不撾無爲喜悅彼惟求悅不得即休矣

昔有武士敘其從技擊衆方稱賞師遽責之曰爾未盡吾

也。爾盡善人。安得稱賞。故純德不待譽。我有不足。始以譽言補之。如天體周圓。誰稱譽其周圓。日有陰晴。故稱日以晴。月有盈闕。故稱月以盈。人情大抵如是

聖法蘭濟德行甚多。稱譽籍甚。聖人令其徒隨所譽者。輒詆毀之。彼言智。此易以愚。彼言才。此易以拙。有人故以惡名加之。聖人致謝曰。自有我來。未有識我如爾者

聖鐸斂我居篤洛撒。敎化人甚衆。已避居加爾加瑣。人問故。答曰。篤洛撒敬譽我者多。我居之。虛喜易至矣。加爾加瑣毀我者多。我居之。實謙易保矣

旹曰。名譽隨德。如鼓應桴。必畏名譽。恐修德者懼矣。曰。有

德欲人知之本非罪也。經曰，爾光明顯於人前，俾視爾
善行，而讚美在天爾等父者，惟以德自歸，及以善圖名，
是為罪矣。夫榮譽有虛有實，當去當就，所宜自檢者三。
一謂所以受榮譽之事，二謂授榮譽之人，三謂圖榮譽
人之志意。吾所以受榮譽之事，宜實為之，若甚其過情恥
也。取非其有，謂之盜矣。亞吾斯丁聖人曰，吾不喜愛我
者譽我以所未有。此非譽我，乃別譽一人，係名於我耳。
授譽之人，苟非明誠，不辨虛實，其言弗可聽也。故曰，譽
我於污人，譽我以污事，爾辱等耳。又曰，爾不見訾於惡
類，爾德未真，況見譽於惡類，可得為實譽乎。又曰，譽爾

者勿論幾人惟論何人沽名者在自見無心向上以求讚頌上帝及爲人之利益其榮甚虛矣夫名譽非可願愛之物惟有益於人始可願愛夫我有其德令人見我德遂能讚頌上帝知爲萬德之原觀我善行各自警策懈惰欽從訓誡是於我事上帝愛人眞心大有利益也如是則名譽足貴也

戒好貴　八支

居高位愼勿恃也惟善德者抱不脫之物至易遷流莫如貴位欲固得之如握泥鰍握愈固失之愈速黑雲四布雷聲電光轟爍交至行道之人避之雨收雲散雷電俱

藏所存惟泥塗而已世間貴位權威薰灼暫時雷電何
異迨身命徂謝向時聲勢悉委泥塗誰復重之乎百爾
納聖人訓一國王曰爾思居尊位高與衆甚異兼思爾
身足浮灰與衆不異合此二念自忘其尊高矣

昔有國王統百萬衆征行布陣原野登高望之輒生雄心
私念百萬之衆誰能禦之我爲其王尊矣大矣忽覺爲
傲反念曰不然不及百年被百萬皆死我亦死以一死
爲衆死主何足矜矣

水之分流有淺深大小入海則等水耳無復知孰深大孰
淺小也人在世水流地也其貴賤淺深大小也至終時

則入海矣。豈有貴賤哉

物像愈精、愈僞。愈欺人、愈精、則愈似。愈似、愈令人誤以爲眞物。而實非眞物也。乃惟眞物之象耳。世位愈尊貴、亦愈僞、愈欺人、愈尊貴、則愈似可欲、愈似可欲、愈令人誤以爲眞福。而實非眞福也。乃惟眞福之影耳。眞福者。獨善人宜有之。尊貴、則善與惡、俱得有之。豈可謂眞福哉

或問一賢者曰、人心之最擾不休者。何物、答曰。圖高者是也。未高求得。既不能安。既高恐失。又不能息

成萬物有四行。土水氣火是也。成萬罪有二行。好貴第一。貪財第二。塞搦加曰、好貴者。辟之旋風。先自旋、而後旋

物石之在山靜則已矣惟自崩而後觸之者傷當之者破也人當伐善時不見在已上者惟見在已下者逆求貴時不見在已下者惟見在已上者不知爾欲爲貴必合爾神身無不震動以營之而後得之而人乃或淹抑矣或擠陷矣夫非以我之貴震動人也乃以人之貴動我耳

今人視此世貴甘之如飴夫求貴者欲也貴不得亦欲得亦欲日加熾焉如消渴者飲水暫減少頃愈加水反爲薪矣好貴不知足恒冀所未有不能享所已有如食已飽又加餐焉出而哇之並歸無用矣

勒卧畧曰。好大者。欲伸於他人之上。而自居于傲情之下。欲爲他人之主。而先爲其欲之奴。我苟欲貴。是勞我以畀我也。我卽得貴。益助我以抑我也。且人心方有所欲則胸中便成厥像。動一欲貴之想。胸中忽覺棟宇巍絕。忽覺見奔走承役者。覺崇增廣筵。凜然臨萬人上。覺威風凌攝人。覺取怨讐報復。覺頃刻呼擁前後。無數輿馬赫奕。覺多脅肩諂笑者來。我輒色喜。覺排墜一人可至地。提挈一人可至天。覺堂下人哀乞千百狀。我能憐之恕之。覺天上人戴謝我。我祤然自居。或僞退讓種種諸念。牢印於心。一觸其端。茫如逐影。還視此身。蕭然而

已非醒時入夢而何未及受是位之樂而先來是樂之勞

好貴者不自覺其至險至危安爾欲人夫身登峻嶺不重則必傾足搖目眩飄然浮雲可復定乎高位非易居也厚其仁深其智吾身重而後能安之且居高位者百責聚焉以一身委百責之中險危極矣而人之如溺何哉

昔有將受王位者其諸父賢人也就問之賢人引至高處令入圓盤中急轉之少頃眩瞀欲隕乃下之眩尚未定良久而坐謂之曰在高則險且隕在卑則安且止吾命女矣迨去遂不敢受無何卒靈神示人曰天主賜予升

天堂享永福。且喻我云：曩不聽君言受位者，必陷污行

不能逃地獄永患也

好貴者，其未得時，謀望既為心患；其已得時，竊據更為心患；至於失位，愈又更為心患。其始謀望時，得位心重，遂討其他，遂不知天主，不知人，不知己，皆大悲也。內多敝畏恐失人意，語言行事，無不求媚於人，偽為謙恭；又如不欲得者，屈己狥人，諂諛百出，是衆役也。心分兩念，自相為鬬。其一惡情本欲為不善，又因好貴，懼人知覺，姑強抑之。兩惡心相反，不許有靜時。既處高位，身心最險。蓋有位為惡，其勢既便，又無從旁畜止者，是以在位彌

又造罪彌深追既失位而受居位不善之報罰其患又極矣聖經曰大者受苦亦大亞利思多喻好大者曰人視貴位但宜視後不宜視前蓋先寬後窄先甘後苦如生果焉色美而味酸方見輙欲嘗方嘗輙受其苦矣

任馬者揣力強弱較物多寡然後行任舟者亦量重輕酌堅瑕察波濤風色然後行于物無不然獨好高位者不自度其能否力綿而任巨皇皇然惟恐不得得而不勝收帆迴舵則晚矣

人往往有自信所不能為者與縫人以尺布而欲為衣與履人以寸皮而欲為舄必尖起而力辭居貴任以治人最

難爲之事而無人自識其難也其狹不足以爲其有餘惟眞能辭者乃眞能任焉寓言曰衆樹共議欲立一樹爲長共宗之首推阿理襪阿理襪美果美膏之樹也辭曰我膏甚潤爲人用不願散我潤易爾衆樹長也次推葡萄辭曰我果甚甘我酒甚美爲人用不願散我甘美易衆樹長也已及辣末辣末者棘荆也無花菓實叢生多刺一無可用燎爨而已遂躍起曰信然耶則當來就我影下惟我所爲誰敢逆者逆則我辣末當出火焚之矣夫有德者滿于膏豐於實懼因貴任而散也微特不喜且畏之微特不求且避之愚者拙者無美可懼散不

畏不避則辨末而已
法蘭濟避尊位弗得質之天主天神以玻璃餅注清水示之曰已清如此而以濯人則可矣遂避之夫周于德者非天命弗敢輕受尊位何況染於罪者乎
厄勒卧略欲避主位衆迫之甚爭守之甚堅乃自匿巨艦中兩人舁出城而藏之復陶衆索之其家弗得俄見遠山有猛火幕之怪而往觀聖人在焉夫聖人甚畏居位而急欲避之惟知高位之責重險多身居高而心存謙德甚難合故非萬萬不獲已弗敢自恃其德而遽當之好貴者惟爲一時之假榮不復覺終身之眞辱徒計在後

之得遂盡擲從前之功

如貴人有可笑有可憎有可愧以微功力求尊高可笑矣其得之爲僥倖可憎矣若窮神盡智而終不得或旋失焉適可愧矣陟高之路莫捷於輕高也

居高位非大人所以爲大人而似大人蓋以世情量世物不於其身於其礎耳然登侏儒於無極之臺不得爲長人納防風於不測之淵不失爲長人也故辨高卑者獨量其身勿兼其礎西有費理薄者大國王也勝敵國而奄有其地大自矜伐一賢者問之曰王滅是國矣取是地矣試立王影視昔得長少許否

人以高位爲榮。然以小人居高位，反辱矣。何者。高位不能榮小人。極能見小人也。若使不在高位，孰知小人哉。如猴升屋而坐，非尊榮也，第令人笑之

人當願有其具，不當願有其位。有才無位，彌榮。有位無施，彌辱。西國古俗，有大功者，得立像，加當者，功最大。未立像，或問故。對曰，我願人問加當何故不立像，不願人問加當何故立像

論謙德九支

謙者何。自居賤，自居下也。人思天主之大，已之眇，爲非主弗生弗成弗賢弗聖，其心下於天主，卽下於人，斯謙已。

謙爲德根。凡德不絕於是根。則暢達焉。蔽茂焉。不則摧折焉。枯萎焉。聖亞吾斯丁曰。謙德斯須不可離。謙者先善以引善。配善以固善。隨善以掩善。不則傲且取釁以入。全奪我矣。

累高者必固其址。若以浮沙積。愈累愈險。愈速傾矣。啓才能。基莫固于謙。若不以謙心積。愈多愈高。愈險愈毁。聖厄勒卧畧曰。積德不以謙。如持浮灰而逆飄風。又曰。紅爐之炭。不以灰蒙之。須臾而滅。盛滿之德。不以謙掩之。須臾而亡矣。

聖百爾納曰。雖過謙下。不必自疑畏。若有絲毫上人之心。

正可畏也譬如入門門高而我過屈奚害軒然直行或擊其首多瑪斯賢人也其言曰心下於萬人何害乎心上於一人有害矣

天主經曰爾身所居愈高事事愈謙下上帝寵爾浮海之舟帆既高無重載以厭之鮮不得覆人者樹也身其枝心其根枝升根沉上下相應乃能禦風而本不撥華且實焉故身伸于萬人者心屈于萬人我位勝人昧然不見人德勝我灼然見之

凡人愈善愈謙愈下井之深者水逾甘蜂房之在下者蜜益多黃金者五金之至貴也體最重最下果之實者枝

必垂粟之堅者穗必俛百千萬物無一不然故重與下俱德與謙并重德結于身其心愈不足矣觀已所不足則向下凌人以有餘則向上凌人以有餘有餘乎哉

鏡之照日也圓實矣光不燿虛圓如盂不可逼視且發火爲虛故容也故聚也故能發也人自滿德無所受矣安能及物

筭數法有空位空位非數也以之加於數後則進十爲百進百爲千進千爲萬空位益加數益大謙于他德如空位于正數也故曰爾有所爲一若未嘗有所爲所爲全成

傲者相爭不息謙者自處最安傲者求上誰不求上故皆爭謙者求下誰則求下故獨安謙居下下不復墜矣傲居高危哉

傲本謙之讐或不敢徑行其傲必也襲謙之迹以自蓋焉是明知謙爲吉德也夫夫謙無不受益獨見讐於傲耳今并其讐亦且明叛之隱假之謙果吉德也夫

世榮不兼之謙德愈近辱也謙無他榮自足爲榮若兼他榮則更榮譬之美香非獨自香兼他物皆得香惟傲反是美德美才受若辱滓若污

或問一賢者曰學孰大答曰學爲小者大問學小如何曰

願不見知於人。願見賤於人。蘇瑣。西國盛德士也。從幼至壯。念念修德。人爭譽之。忽天神謂曰。爾修誠勤。爲人皆崇重讚譽。故德未尊。僅臻小學。是後天主命爾受人賤慢窘迫。以爲天下最鄙惡。親疎憎厭。不屑與言。爾能欣然樂受。不怠前修。則入大學矣。

謙心者。注美德美智之器也。他器愈注愈滿。此器愈注愈虛。故愈注愈容。他德長。謙德與俱長。德愈實。自視愈虛。謙愈厚。併已無謙。是以愈受愈虛。愈虛。上帝愈授之。故謙者如貧而日富。如賤而益貴。如愚而大智。如世人而實天上人也。

拔刺諳西之賢王也。行遇二人。鵠形鶉服。誦經讚美上帝。王趣下輦禮之。諸大臣不悅。謂王輕身匹夫也。王歸命製四櫝。其二絕精麗。黃金為鍵。實以枯骴。及諸穢物。其二甚樸陋。實以珍奇。召大臣前。問價孰重。俱曰。美者重。王曰。謬矣。啓美者。露其中醜。曰。此譬傲人。外色艷美。內心穢矣。世人尊之。天帝及天神則厭棄之。啓其醜者。露其中美。曰。此譬謙人。輕忽世福。外形汚瘁。世人賤之。內心精潔。豐於道德。富於功勳。天帝與天神甚重愛之。向者兩人是也。吾下輦禮之。曷怪焉

動上帝之至慈。莫若謙慈心。遇貧者則動。富則否。傲者自

視滿足。略無所需。故上帝棄廢不與。謙者自視貧甚。略無所有。恒若有求。故上帝哀憫付足焉。經曰。上帝盈飢者。遺富者。又曰。惟小者見憫

消上帝之威怒。亦莫若謙。經曰。自伐者與訟。自謙者消之。又曰。謙態則破怒。怒猶蹴踘也。遇堅則激。柔則止。獅。百獸之王也。敵之。雖飽必殺。服之。雖餓必舍。得罪於人者。謙必免。夫謙貌能格獸猛。謙言能消人怒。化讐為友。矧謙心乎。豈不足感上帝之慈心。而消其怒哉

或請天路于亞吾斯丁。荅曰。實謙其第一。實謙其第二。實謙其第三。百問之。百如是荅。夫天手所上者。惟先自下

之天主所成者惟先自虧之天主所識者惟先自忘之天主所重者惟先自輕之謙者實歉其無德在無可受報天主正以爲是應報實歉其望天主而未遑格天主正以是故格焉微獨如其望且申之望外以益其謙故

經中天主自言吾所顧視爲誰謙靜而畏吾言也

經中天主誨人曰眞福有八端其第一曰神貧者乃眞福爲已得天上國也不以功德自歸悉歸天主不自滿足不恃已不凌人身居人上心居人下此神貧也存此謙心必上昇受享天國

登高之路惟謙凡以謙向下似下實上以傲向上似上實

一經曰。謙者自下。天主益下近之。傲者自上。天主益上遠之。高山之隈。爰有國都。近君者貴。何嫌平地。遠君者賤。何必高山。人欲尊貴近天君者。是近天君何道。謙者是

聖法蘭濟。一友最盛德。天主賜以神目見天堂甚明。寶座甚多。一座尤高峻。光耀絕異。心奇之。思世人功德。孰有稱是座者。天神應曰。此尊神之座。初以傲罪見屏。今天主豫定以酧法蘭濟之謙德也。友不敢宣。欲一試聖德。一日與同行。問曰。夫子自視何如。答曰。吾爲世人最惡者。友艴然曰。世間惡者甚衆。夫子乃作是言。無乃不誠

乎。曰。世間最惡者。苟得天主憐恤寵養佑助之。如我乎。其殫力爲善。盡心愛慕天主。必勝我。我乃如此而已。豈不甚惡于彼哉。友喟然嘆曰。我昔所見。今證其實矣。法蘭濟自居人下。天主豫定其位於他座之上。自下爾卑。天主上之彌高。故曰。獨傲能以天神爲邪魔。獨謙能以世人爲天神

我欲修德。邪魔必厭惡。圖我恒投邪念穢感以攻我。我欲存我德。防禦其害。計莫若自謙下。與祈於天主。勿恃已德力。或問一賢者曰。邪魔每以淫慾攻我。我不能當其故何也。答曰。爾惟棄爾干戈。故不敵。何謂干戈。曰。謙與

忍德也。魔之來攻。傲者訑訑自足。恃其德力。當之故屈。謙者自視無德可恃。惟望祐於天主。以此敵之。故易勝矣。闇當古聖人也。天主嘗授以神目。令見世界。滿皆罟網機阱。鬼魔所布。用以陷人。聖人悚然懼畏。嘆息曰。世之險危隘且多。人誰能避之乎。輒有天神答曰。能不蹈鬼險者。心謙而已。昔有聖賢。加畧常受魔攻。以謙防之。魔不能入。一日魔見形謂曰。今我負矣。惟爾謙勝我也。遂不至焉。魔來攻我。惟欲損我德。污我心。消我功。我以謙當之。彼攻愈多。我功愈大。彼侵愈甚。我德愈成。彼又何利而攻我哉。

凡謙者智、傲者愚。歷山西國之名王、好學、一賢者見其甚傲自滿、謂曰、上帝自欲垂智於爾、惟爾無以納之。蓋傲比山焉、雨露降之、流而不存、故常磽瘠、謙比谷焉、雨露降之、存而不流、故能爲五穀田

邦薄西國德士也、天主賜之大智、故四方以事諮請者、求釋難者甚衆、邦薄弗敢自智、必先祈天主開牖、乃答之、如是終其身、臨歿、謂其友曰、凡生平所言、不能記憶、其遺悔之一詞、謬言甚易出矣、邦薄所以生平不出、非獨其智廣大、惟自謂無智無德、恒恃天主、不敢自智也、聖經曰、恃天主者、必甚明于實理、又屢儆人曰、勿自恃已

智聖寄理瑪曰。人自信自恃己智。自爲魔。何必待魔來紛欺之

或問一賢者曰。智之至者爲誰。答曰。謙。愚之至者爲誰。曰。傲。問故。曰。觀擇。謙擇內。傲擇外。謙擇得。傲擇聞。謙擇本。傲擇末。謙擇谷。故有豐盛之福。傲擇山。故有風旱險荒之禍。謙擇勝己。傲擇勝人。謙擇實。傲擇虛。謙擇味。傲擇色。謙擇眞。傲擇似。謙擇義性。傲擇義形。謙擇死後永福。傲擇目前暫便。謙擇下。故安靜。而人盡欲上之。傲擇上。故養爭。而人盡欲下之。經曰。傲路滿於干戈。欲保其心者遠之。夫傲所擇俱虛。謙所擇俱實。孰爲智。孰爲愚哉

昔賢讀天主經。至疑難處。年餘蔬食自苦。每祈天主垂誨。

「不獲。旣乃往請於名士。途中天神見形謂曰。年餘蔬食祈求。不足感天主垂訓。今退然從人咨詢。天主命我告爾。曰是可見微謙之功。過年餘之苦。故謙德如珠。微而價重矣

識巳保謙十支

聖意納爵曰。我最不畏者。惟傲。人異而問曰。傲念最危易入。難避。害重。何得不畏。答曰。人不識巳。卽傲入之。我深識我不足。何畏矣

或問一賢者曰。何道而能謙。答曰。交謙者。勿交傲者。聖經

曰。交傲者必著其傲。交謙者反是。熟思爾罪過。勿思人之罪過。移視人之目。反而視己。從人勿從己。

智者始于識己。終于識天主。識天主。故能事天主。夫我與我無分。故最近我。若我未識最近之我。安識最遠之天主。百爾納曰。爾持二知。逃二不知。則能成聖。知己則生謙。爲衆善之始。知天主。故愛天主。爲衆善之成。此二知也。不知己。故生傲。爲衆罪之始。不知天主。故無所畏望於天主。爲衆惡之成。此二不知也

蜂之輕也。風能飄之。知風將至。豫抱沙石自鎮。欲保謙德。免虛伐。莫若念己罪過。抱以爲石。即虛聲虛念之風。不

能散我德矣聖契理瓚曰自省一日罪過可保終身之德況終身之多罪乎故欲存謙辟傲視已而已

孔雀文鳥也人視之輒自喜展翅尾示人忽見其趾醜則厭然自廢斂其采矣禽獸無知猶知以微惡廢全美人欲以微美掩全惡乎

亞得納斯西之古學也出其門者多茂異之士就學者不遠千萬里踵相接也門難氏曰從亞得納斯者初年智二年奮三年愚何者及門之始未臻堂奧虛憍恃氣竊然自智也敬業歲久稍窺道妙駸駸嚮往志不可遏又復歲餘道蘊彌深德精彌堅自顧無幾矣故初學人

心如已得者，三年之後，反若初學人。自此以往，其許徐深其識，益超還照虛靈，竟同無知。蓋實德愈充，虛氣愈去。譬鑰之空，虛氣必消，徐納佳液，液入如許，氣出如許。佳液漸實，虛氣隨盡，無所容矣。佳液既實，須自奉持，勿使虛氣得復入之。

亞吾斯丁曰：進德者，就其所到，恒進於眞德，所進於其德不小矣。厄勒卧略曰：人進德彌深，修善彌精，其視己彌空賤。己彌甚，知天主之至清，識其罪過之多，善行之微彌明也。是以不日已至，反覺未始。法蘭濟所已入聖域，猶日自呼曰：法蘭濟，德路甚長，至今未始蹈，今速行補作

日之息可也

登謙德之極域。有七級。識已爲罪人。自覺可輕。一。因以痛悔於內。二。因以曉告於外。三。願人信我實有是罪。四。傳聞於人。譏議者。我即忍受。五。因是辱我慢我。怡然不惱。六。深願侮慢之我加。七

或問人有罪。自知不諱過。謙乎。曰。否。覲其實心。實謙者。一知其罪。深自退悔。必期悛改。明令世人見我實過。即逢侮辱以爲實當其罪。毅然忍受。今所謂謙。或未必然。自知其罪。度必呈露。又自揭揚。若爲不欺。實不欲人信其有過。但冀反獲能謙之譽。蓋自刻責。僞示其謙。人或責

之，終不能恐襲謙名，伏傲性，以其所短於人，顧[illegible]於人，離謙愈遠，入傲更深，故曰，罪之宜露也，謙者以[illegible]

謙，傲者以增傲

謙者有德不欲露，畏傲也，傲者有罪不欲露，畏辱也，而謙傲自露，各不可隱，蘊火無烟乎，蘊德與罪，蘊謙與傲，無榮辱乎

聖厄勒卧畧曰，聖人恒圖保護謙德，自覺有所知所行善，翻然轉思所未知，所行不善，及所未行善，思不足，使不矜有餘，如市故衣者，徧察過破隙，指以消其價。

又曰，悳作謙不成，故聖賢以保謙為急，觀己，以觀所短，觀人

觀所長。以其未成之微善。較人之大善。故嘗自責其怠。自勵其德。謂巳不如人。聖賢以之養謙。觀巳觀所長觀人觀所短。嘗謂人不如巳。以其罪惡。較人之愈大罪惡而辭巳之罪惡愚。夫以之養傲

視人之惡形聲象貌。未發其真也。或其志亦善。其事偶涉。猶可持以解之。若爾自作之惡。衛[illegible][illegible]之而[illegible]之雖解於人。難解於巳。夫明知多惡之實。而不自恨。一善之微。反謂我善於彼。豈不甚欺哉。故曰智者不敢以他人罪爲重於巳者。見他人之罪惡。未能如巳之甚明故也

百爾納規其徒曰。爾非但不可自上。亦且萬勿自比。勿比

大者勿比小者勿比相等者比人之情萌於心傲矣
之機矣又曰人雖明知已之善與彼人之惡一有比心
即有矜誇毀詆兩不善心況目前善安知異日一念不
檢不變爲惡而墮幽魔之苦目前惡安知異日一改過
不終得天神之樂
爲德者不獨戒人知尤戒自知不獨貴能藏尤貴能忘夫
何故我忘而天主不忘勿論也忘則從前所有視之已
無惟言不足德乃日進不忘則既往之善執以爲實蓋
地自安德乃日消故聖葆琭有言忘其後而急於前夫
行道之人向前之一步即落後之一步也但問其能歸

何地。不問其能過何許也。沉神漫想。若愚若狂。掉手數足。怨至其方。若後途是顧。必阻往前。不惟阻于往前。抑使復退於後。何者。德之路。不聽暫止。一不欲進于善。乃既退於惡。猶以小舟泝溯猛流。竭力鼓棹。則逆流而上。稍止則順流而下。不能過也

百爾納曰。爾知德尊貴而爲。勿知德尊貴而伐之。則爲一倍一矣。譬之爾僕。忠愛等。勤力等。其一則欣欣自爲功。其一歉然若弗及。闇然若弗識也。衡諸善乎。不亦効力同而取愛于主大殊乎。故聖經誨我曰。爾盡行天主命。悉守天主誡。即曰所爲惟所宜爲。非能有益。

也

蔽德既隱于人目。復隱於本目。人之念眼常緊於己所樂憶之事。故凡己所既爲之惡。及未爲之善。皆不欲憶。惟就所少行之善。時想之以自慰。方爲微善。多惡俱忘。見居罪中。竟不自識。夫有責多還不可謂償。全還始爲償也。行路者。勿念已過幾何。當念未過幾何。漸過之。漸棄之。未過者來愈無窮。已過者去愈無用矣。德者。升天歸天主之路。其遠甚也。苟念及不可欺之天主。則必不以纖善自矜。而惟以多惡自憂。必不喜一惡偶去。而惟懼全善未償。故聖人日觀所未爲

之善光照萬方自不見光力舉天下自不覺力方爲之

時神能畢集方爲之後記眼已寒

七克卷之二

西海耶穌會士龐廸我譔述
武林鄭圃居士楊廷筠較梓

平妬第二

妬如濤起以恕平之作平妬

妬者何。人福之憂。人禍之樂是也妬者傲之密侶相求不離。計念人惡。訾毀人非。幸人之有灾凡此諸惡皆妬之流也他情雖大可鎭於內。使不著於外。雖傷心德未必傷身安惟妬情一起目瞠。面黃。唇顫齒切。言澀手熱體寒神憂遍身皆顯妬形。皆受妬害矣經曰妬者必不享其命。而

先以憂慼

色撥加曰眞福益公益美且曰爾有吉祥善事而無伴侶同享之尚不足爲福妬者反曰福益私益美倘其得伴侶寧無善事西土有兩人一甚妬一甚慳俱聞於國國王賢者欲設計以探其情召謂之曰任爾所求我皆聽爾先請者予一後請則倍兩人各遜居後欲倍之也王大怒妬者先妬者諦思曰願王鑿我一目此何意王言倍必倍王命先不敢不先已不得倍福寧令人得倍禍鑿已一目易人兩目深于妬矣哉

[illegible]其心飴然甘之而後從之盜有財貪淫有色

類然惟妬悉爲憂愁悉爲痛苦了不受樂而人猶從之何哉人從他欲者以目前暫樂易死後永苦從妬者以目前重憂并死後永苦故曰妬者有兩地獄生一死一死魔爲掌戮生妬自爲掌戮

妬惡於怒人先傷我我則怒之我怒由彼惟妬一情悉出我傲恐人以德福勝我而願敗之

他人福樂妬者視之與己之禍灾等故昔賢遇一善妬者面憂色黄問之曰爾遇不快事抑他人遇快事耶巴辣多曰我願妬者具千耳千目使視聽衆人之德福而憂無已焉

妬人者恒欲勝人其自視也勝萬萬人不為樂不能勝一人為不樂也多勝人之樂不減一勝巳之憂夫妬者人在上妬其上人巳等妬其等人不巳若又妬其或巳若也盡人讐之獨居無朋上鬭不愛于天外鬭不容于人內鬭不休于巳雖全得世間所爭羨愛者亦為天下無福人耳

妬惡於吝吝者恐弗能予亦不計人予妬者自不肯傳達其福又不喜人傳達之天主以賜為心故美好吉福恒願傳致人其念至公故不計人善惡日月均照霜雨均潤妬者喜人凶憂人吉以奪為心惟願天主顧巳棄人

慈、己怒人、豐茂于己、吝嗇于人、與天主正相戾焉、天主至公、故至善、妬人至私、豈不至惡乎、仁者愛慕天主萬物之上、愛人如己、故見人凶惡、如己凶惡、痛憫欲救之、見人德福、如己德福、則恱樂、而讚美天主、爲諸德福之原、且愈愛其人、故以人德福爲己德福、妬人不然、見人福爲己禍、見人禍爲己福、自有人、亦有、不爲福、自大人亦大、不爲大、自有人盡無、自大人盡小、乃爲有爲大矣。故以人之德福爲己禍、厄勒卧畧曰、妬人者、以人光自闇、以人樂自憂、以人善自惡、以人安自病、以人生自死。悲哉、夫憂樂好惡同者爲友、惟邪魔甚惡人吉、喜人凶。

妬者悉與同之不亦魔之徒乎經言天主謂其徒曰爾能相愛人乃識爲我徒邪魔謂人曰爾能相妬則徵爲我徒夫魔雖妬妬人不妬魔妬者妬其同類之人不已甚乎

傲情雖大遇讓則止怒心雖甚値謙忍則息貪念雖深得財暫輟諸如此類尚爲可救惟妬不然忌人德福故隨人德福與爲滋長爾愈忍妬爾能忍愈謙妬爾能謙不及喪爾德滅爾躬不獲息焉夫妬人財物勢位等可退舍以止之若妬人之善孰肯自喪巳德損巳命以厭其妬哉

榮之實功德而已。智者厚其德、豐其功，榮名自隨。故他人所有所得，不羨亦不妬。妬者願得榮名而無榮名之本，故其求榮，惟欲辱人以榮已，抑人於下，內抗其上，坌人以濁，自居其淸，臨深爲高，損人自益而已矣。

他情雖惡，其牽引人作害人辱已之事，未若妬情甚也。昔賢友數百人遁世脩道，中一少年甚盛德，名曰巴孥。有妬其德者，欲伺隙釁之，不得，則以所業簡冊私投其室中。於衆會時，佯亡其書。主者與焉，令二長年偏覓之，得諸巴孥之室。衆益異之，或曰作此汚行，向所爲德貌焉耳。巴孥不辨亦不承，惟跽而求赦。主者依法罪責之，斥

不與會決句曰妬者自謂得計快甚邪神忽憑焉盡道
其前事衆而後服巴拏之誠德也天主亦賜焉以誠德
之徵應蓋衆共禱祈哀此妬人免其患害不得巴拏控
首請之邪神去之鄙哉妬人也不能以真德行伸於人
上圖以假惡屈人於巳下竟不能逃天主降臨而善人
之德名愈彰巳之妬惡愈顯焉蓋盛德令名皆天主之
恩妬者忌人有之是忌天主授之故爲天主所惡目前
每承罰焉微獨死後永罪矣
凡妬至愚謂其不諳情理不明損益之類也若妬人形福
富貴安樂人有之不奪我人失之不必歸我夥妬者

欲損人益己，人未必損，己無不損，妬何爲哉。若妬人才德，則才德路甚寛，舉世之人同入焉，皆容；各取焉，皆滿。彌散焉，彌長。辟之于燈，以一燈燃千百燈，分光愈多，本光不少。是才德在人，爾能取之，曷禁于爾。才德在爾，爾能分之，曷妨于爾乎。妬何爲哉。

戒訐念人惡

善人者，萬人之鏡也。對照己惡而去焉。如貧人遇富，以富對照，遂見其貧。妬者不喜思人善，不於人善求照，而於或細缺或微汚處視之，是破鏡也，昏鏡也。得自見其醜乎。不惟不照己醜，且彌益妬惡，如爇火以水爲薪，愈灌

愈熾如鴟鳥以日爲翳愈明愈昏

凡人以心揣事如以玻瓈觀物日光從玻瓈出無物不似玻瓈色者心從仁出無事不受仁性心從妬出無事不受妬性故仁與妬俱如猛火草木遇之作火金石遇之作火試仁人見人善必信之見人惡必解之即有惡形曰彼貌然實有惡徵曰意未必然意惡矣曰是偶然至不可柰何曰彼豈迫於勢我當之且甚焉是者見人惡亦動我仁何論善如蜂然花雖苦辛取之作甘妬者不然見人惡喉之見微過以爲重罪見人善必疑之或曰貌然非眞或曰偶然非堅或曰勢然非常是者見人義

小增我惡何論惡如蛇然花雖甘食之作毒即德真實堅甚妬心不已必黽勉尋求曲處一肖善之惡以汚之謙謂卑下忍謂怯懦勤于修謂飾德廉于取謂釣名簡嘿者謂愚鈍明辨者謂浮誕正直者謂亢厲慈凱者謂柔靡莊敬者謂矯飾和齊者謂委隨好施救人既謂妄費少施節用以自給又曰吝嗇蓋心猶準也度人猶度垣也以正準度垣彌正彌累彌堅以邪準度垣彌邪彌累彌危故以妬心度善事人愈增善我愈增妬妬逾增德逾傾

他人善惡最爲難斷蓋事之善惡原本心意心意如日月

明全身明目闇全身闇不先照心意之邪正安能正斷事之善惡乎夫人心秘藏非天主無量之鑑不能窮探之故其眞僞善惡獨天主能悉審而正判焉聖經曰未至其時勿先斷人事俟主來時照幽隱中蕭藏宣露諸心之擬意乃各得其譽於天主也故凡以外貌微跡輒斷定隱惡者皆僭天主之大權全能傲罪孰甚乎經曰以善爲惡者與以惡爲善者天主俱甚惡之爾一見惡象遽決眞惡豈能不誣而以眞善爲惡哉偶或不誣而事情未明輕必人惡獨非罪乎夫人以平心决斷人事猶患多誣何况妬心極能翳心目不使見眞僞乎

夫是人善矣。爾以私憎視之，遂惡。試以移之乎交。爾復視果惡否。或以私忌視之，遂惡。試以移之本身。爾自視果惡否。且爾偶見人一不善，其貌雖肖，其意未覈，曷能遽決眞似乎。卽眞不善矣，反視己之多且大不善而曰：我不忌己之多，輒忌人之一，可乎。或問一賢者曰：嘗動我心思人過惡，何故。答曰：爾惟不熟於觀己而已。昔數友同居修德，有犯罪者，捕致大德每塞，求判其罪。每塞持囊沙負之行。人問故，答曰：此我罪也。我罪無我，未能盡識之、盡除之，何暇判他人罪乎。加當，西國名君子也。有妬者曰：加當暮夜恣食飲，曷謂君子。則有解者曰：加當旦晝勞勤心力綜理國事爾何不聞乎見夜影不見日光爾目不病乎一加當也妬者獨見其細忽以爲不足爲君子不妬者幷亮其無遑休憩之故以爲不失其爲君子

西有近達襪爾者誠德人也見人貧則曰媿哉我安得輕世如是人也見人富則曰媿哉我安得守德如是人之守財見婦女盛服修飾則泣曰媿哉修心悅天帝安得如是人脩容悅世乎生平如此泪死兩目爛爛如星其友惟之思其故忽聞有聲曰是人生平見人未嘗不以爲善於己矣惟生之目獨受善故死之目不受暗

戒讒言

契理齋曰思人汚行汚其心言人汚事汚其口如竊人汚物而以示人爲辱人耶辱己耶

造毀者如豕岦足焉即罡口矣豕入名園芬香不采清泉不濯美景不顧獨汙泥是甘是安焉耳矣妬者見人好德商才多能可讚可效厭聞之厭聞之有隱過微疵焉則津津聽之汲汲叩之洸洸洩之積于心神噓于口舌如其惡氣而發矣

毀人者如蛇向之畏而避背之進而噬蛇曲行毀人者亦然始作好言掩其妬志以取人信訖加惡毀汚人善聞

毀之害甚于盜。盜損財物，人所甚輕；毀損善名，人所甚重。又重於地獄。地獄喻死人，惡人毀人之口，不簡生死，不擇善惡，并喻之。

邪魔誘人於惡，人未必徇；即徇，亦不能使之明行，必也闇然藏匿，不使人知，害止其人，可謂未大。造毀者掩人之顯德，使人疑之，不復慕之；訐人之隱慝，令人見之，又惑而從之。則邪魔所自成也小，託造毀者之舌而大害尤廣，尤宜避之。故百爾納曰：毀人者虐於毒蛇，蛇一齒傷一人，毀者一言傷三人已：一聞者，一受毀者，一是。故覆邦家、疏友朋、離昆弟、間父子，皆由讒言。聖經謂造毀者

曰其齒兵箭其舌利劍又曰兩舌之人必負大禍每搆亂相合者故也又曰屏放作毀者而諍訟自息

愚者中懷讒言如犬傷于矢矢不出不能休故聖經勸人曰爾偶懷傷人之言必使消融于內勿畏裂爾腹而吐之于外

厄勒卧畧曰吹灰者自汚其面迷其目毀人者自汚其心閣其靈神又曰欲昇天者必不誹謗誹謗者必不能昇天

讒人者設坎以陷人而屢自陷一賢寓言曰師子爲百獸王一日病百獸來問安獨狐未至狼遂獻讒曰大王病

我輩皆至狐獨否誠可恨狐狸適至聞後言便進問疾師子大怒問後至者何狐狸曰大王疾百獸徒來一問安於大王疾曷瘳小狐則徧走求良方頃得之即來何敢後師子大喜問用何藥曰當用生剝狼皮乘熱蓋大王體立愈耳師子便搏狼如法用之詩曰豈不爾受既其女遷

毀人有七端無故而露人陰惡一喜聞二無故而傳傳而增益三誑證四不許陰善五消明善六以善爲惡七甚寃假等

善人照世之燭也燭不無煤剪之則明人雖大善不無過

失天主縱讒口噬之以剪其燦以增其光故手剔燦者燭加明予加黑讒善者人加清巳加穢

賢者見重於王倫極尊貴偶出遇一貧者乞施賢者命施錢曰我旅人也不願錢願收我我即無以報冀幸天主佑公異日或得當尺寸之用未可知也賢者竊哂之命館轂焉久之賢者益尊寵大爲同列所忌謀共間之于王曰某之寵于王極矣無厭今且謀竊國柰何王未之信也則又曰來日某見王王試語之欲棄國家入山脩道以是嘗之彼利王之去位而巳輔幼主專政也惟恐王去之不果也必極口贊决矣彼不利王之去而沮

王臣言則誅矣大抵西國賢王多有謝世入道者度彼賢人必爲王願之故設此謀弃慮無不入也翌日王如言賢者果大喜力贊決之王以爲實勃然色變口不言心遂欲圖之賢者覺耳目可疑未解其故歸而思之乃悟必有譖於王者謂我利王之去國矣憂懣不堪又無自白之理適貧者見之問故賢者實告之貧者諦思曰自此不難今公褫冠服衣道者之敝衣悉家資散於貧人以明將從王而行王必釋然矣賢者果以是往王見問故對曰昨聞大王欲棄國家入山修道臣甚喜願從王一行已散棄家業矣請問行期王大悟曰爾眞其盛德忠

畏彼言者皆媢疾讒諂人也悉重謫遠竄之經曰陷于自作之穽妬人如是輩者衆矣

戒聽讒

經曰憂面息讒言如北風散雲雨蓋聽者厭聽而言者喜言無有也爾聽者喜聞卽彼謗者喜誦故白爾納曰作毀之罪與聽毀之罪孰重易辨也假令見犬食生人能逐不逐能救不救與率犬食人何異爾聞讒吠以正色可防以貞言可止不防不止顧且傾耳聽之俛首銜之更端審問以導之豈不重于毀之罪哉

造謗者愼勿聽之與爾言人過與人言爾過也譬之賊者

以他貨售此方。轉以此貨售他方

契理瑣責譏者曰。爾道人喜。我當開爾承爾美言。爾毀人。我則蔽耳不堪受爾穢汙。又戒聞毀者曰。爾試思。不獨在道人。或于爾過時撓動其氣。爾不掩鼻過。切責之。且速避之乎。穢氣觸鼻。猶速散在空。譏言貫耳注心。乃至虧損在德。切責速避。宜更甚焉

有數友同脩德者。一少年遠欲辭去。老者問故。答曰。某毀我。弗堪也。惡信然。答曰。或告我。其人素長者。故信之。曰。然則不可信矣。果長者。弗女告矣。少年悟曰。是矣。非彼毀我。是人毀我

法蘭濟途遇乞者。愍欲救之。不得。爲泣下。其徒曰。是者徒身貧于財。心或甚富於物欲也。奚恤焉。法蘭濟輒責之令解衣衣之。曰。爾以舌傷其心。宜以衣保其身。聖者戒人毀言深切如是

訾人者。急責之。訾爾者。即勿怒之。併。感之。曰。彼惡我欲辱我。故毀我。非我。猶且難堪。何況感恩哉。曰。彼實讎爾。其所施。則益友事爾。曷獨忌其心之惡。而不感其施之善乎。爾面涴不自知。遇明鏡。則照而去之。詎鏡主讎爾愛爾乎。爾果有是惡。彼辱爾。令爾能改歸善。爾承宜謝酬之。爾即無此惡。亟自反思。豈無他惡。加以重刑。亦宜

忻然而受况忍讒言之微罰哉是故爾宜勿論有惡無
惡苟有意作德欲臻至善路莫徑於堅忍人皆言故賢聖
大德其喜遇讒言也甚於世人喜遇讚譽蓋知忍讒言
之益德善體上帝仁愛故也法蘭濟常曰畀人譽我是
推我以墜是人毀我是迫我以遷有毀之者則致謝曰
譽我者非識我惟爾識我故讒言比颶風焉颶風小舟
遇之覆大舟遇之行彌疾至彌速也讒言小德遇之艴
然忿怒故覆大德遇之屹然勝受忻然喜樂故進於德
彌疾臻於至善彌速焉
[illegible]女埋都或妬其德數毀之聖女時厚餽焉或問

故答曰天主經云為義而被窘難者乃真福為其已得天國也我修德欲行至天國彼趣我我當厚酬之

仁愛人　七罪宗各有對治如因病用藥然與妬俱有憎惡一情病本相似仁愛一德可兼治之故系諸于妬之後與熄忿通焉

天主所惡罪莫過于妬所喜德亦莫過于仁愛也微獨本德為天主所喜是德所在諸德隨之經云仁必恕必慈必不妬不傲少不妄行不復讎是德不在諸德俱虛似而實非經云雖盡洞徹天徹地之奧理以至悉測未來仁之無所得也雖備述天神及諸聖人之言仁之猶鐃

罄而已矣。雖盡施我財以養貧者，捨身當大苦，仁乏無益于我也。故天主直道萬端，總歸愛慕天主萬物之上，與夫愛人如已。二者而已。愛人之命，天主自稱我命，示其至要無比也

聖若盎既老，不能多言，但用相愛二字勸其門人。習聞者頗厭之，問何故都無他教。答曰，此天主親命，獨行之足矣。夫此道有四善焉。智愚俱識，至明也。一言可盡，至約也。貧富貴賤少壯老病，悉能行之。天主云，我命不高不遠，在爾心中，至易也。聖葉落泥曰，相友愛正我儕大公天主父所宏許以酬我，其慈無涯，至有益也。

犬水敵火與他水合獅殺衆獸不殺獅同類之鳥鷙者不飛凡諸不靈之物無不和共同類者矧靈人哉上帝初造天地特生一男一女為人類公父公母令人相視如昆弟不相妬憎傲慢焉況上帝衆人之大父大小人悉其所生養愛育之子大父所愛人子曷敢憎慢之經云衆人之大父不亦一。爾何故輕嫚憎惡爾兄弟乎故激

愛者衆人相負之責雖恒還亦恒負。

相愛之德甚益我也人孤則負合則勝西有國王集衆子大漸聚之命牽一馬至前令長子握尾騌齊拔之力盡費竟弗得已更令幼子析而漸拔之輒盡乃戒之曰衛

等愛合。卽有大力。不能勝爾。爾分。雖微力。亦負焉。得愛我者。則可以與彼言。如與爾言。不亦樂乎。人實友愛其福祉功德智能財力。皆相通焉。共得焉。故獨所不能。恃愛我者。則能之。友愛之德。上帝所賜。非以助惡。乃以輔善。孤德不能自進其塗。自進其域。恃友愛之德。乃能進造焉。有罪不能自悟改。聽愛我者之勸責。能悟改焉。古賢有言。無友愛之德于人。猶無日于世。無日。黑白不別。無相愛之友。善惡不見。世樂悉亡矣。夫福分則增。禍分則減。爾遇樂事。無愛爾者。樂之如爾。則爾樂[illegible]。故[illegible][illegible][illegible]無愛爾者。憂之過爾。則獨當。故重友愛之德。[illegible]八

如己故遠者邇貧者富病者愈死者生
人相愛有三其一習愛同居同業同情同議等相習生愛也是者易聚易散鳥獸亦有之縱不惡固非上帝所責我愛人之德矣其一理愛人皆自知生斯世也同斯人也不友愛任卹不能成世道不能立世事不能備世變是故恒求己所愛人及愛己之人此人閒之事爲愛也私爲德也微惡人亦有之亦非上帝所責我也其一仁愛仁者視人爲天主之子與己同性故愛之而願其得福孰爲福生時能識上帝行實德死時升享天福則眞福大福也仁者先自眞愛上帝轉以上帝之愛愛人故

聖人識愛上帝以享生死眞福冀改諸惡脫永殃若他福無妨于此福聖之否則惡之是謂仁愛乃上帝所責於我焉若以是相愛者眞友也非除貪妬傲盪諸惡情非心契于上帝眞道實德雖合于外事弗能得焉故聖亞吾斯丁云爾不愛造人之天主不能善愛天主所造人泉上出易下愛上帝者易愛人仁者之人愛原于上帝之愛上帝之愛又愛育于人愛如衣取熱于身又自保身熱也

世之人猶一全身焉經云衆人共成一身故人皆相與爲體也其相愛宜如人身之百體焉身之百體各有尊卑

緩急。百體所營。亦有勞逸貴賤。第各安其位。各從其職
卑者不陵。尊者不媢。無者不妬。有者不驕。故足不求爲
首。首未嘗輕足。目不聽。不妬耳。目能視。不驕耳也。體各
營其業。不私受其益。諸體共受之。如目視。謂人視。足行。
謂人行。口食。謂人食。心明。謂人明。視行食明之職。各體
分任之。其益。一人全享之。仁者安于天命。不妬不慢。所
得所知。不吝傳達。猶衆人。公得公知焉。己亦非己。乃人
焉。

一體所得。必分于他體。諸體共得焉。口食。胃化。自留所須。
餘則分於他體。他體亦特取所須而已。留者過多。決非

其益。乃徵疾耳。仁者愛人如已得財。自留所必須。有餘。知是上帝所賜以周貧者之乏也。靳固之。猶竊諸貧人焉。故弗敢自封以取罪也。

一體苦樂。諸體與俱苦樂。仁者視衆如已。故苦樂禍福。悉與人同。經云。與哭者哭。與病者病。與樂者樂。合于衆以化衆。此之謂也。所施于一體。則以為施已。故足痛則口呻。目泣。追得醫而愈。則面悅。身輕。口頌讚之。手恭敬。攜持酧謝之。仁者視人得施。猶已得之。經中天主曰。爾施于我小者。則施我也。色撝加亦曰。非爾損益。亦我損益。我與爾愛。固非真愛矣。凡爾所遇所得。友愛之德。令我

與爾共遇共得是故爾與我無私吉無私患但共得共
各體先顧身之公益而後顧已之私益故體各自當害以
捄身害小體亦自當害以免大體之害如手臂寧自受
傷免首傷也此體爲彼體所傷不忿不復讐仁心至公
視衆之安重于已安故不辭入患以捄人患知君長代
天主治民者也故違君上之義命猶違天主之命若爲
君而以義委命猶爲天主委命不謂患乃大幸矣
經中天主自云爾愛人如吾愛爾此則我命也夫天主之
愛我何如天主之愛至正直不待我先愛之而後愛我
乃先自愛我矣非先受于我而後授我乃先自授我仁

者愛人，非視人愛已與否，而自先愛人，蓋知授勝于受。愛人是我德也，愛于人非我德也，人德也。經云：獨愛愛爾者，惡人亦能之，僅僅若此，當何報于天焉。天主之愛無所冀，非望已益，惟圖我益，非望受于我，惟欲自授我矣。仁者愛人亦然，愛人爲人，故獨圖人益，非圖已益。色搦加曰：討益我而愛人者，益在愛在，益盡愛亡，若此者非仁愛人之道，而殖貨之道也。夫友愛者何意乎？非謂其共相與委命，共相與赴難，共相與費財殫力也。若是恐友愛之德廢墜，因索友以建立之，非欲病而得慰我，貧而得周我，患而得拯我者也，乃欲得我所缺其所

周其貧。所拯其患者矣。不然。友愛非德。乃利我愛人。非
愛人。但愛我耳。嗚呼。今人愛友。猶愛梯焉。欲攀高物。升
高處。乃索梯負之。雖重不釋也。既用置于室門。不復顧
之。不顧。尚可。或藉其力。反復害之。日攝氣成雲。雲成遂
掩日。故曰。智者愛人如友。愚者愛友。尚不如人也。
天主之愛至清。愛人則愛自所造善性。惡人所造惡罪也。
仁者愛人于世物之上。于天主之下。故不因物犯人。亦
不因人犯天主。經云。人之實愛。不令爲惡。爲友而行惡。
豈爲爾爾惡。人相友愛之緣。則德行而已。爲友行惡。則
德亡。德亡。友根已亡。友誼曷自存哉。故友愛人之德。于

人則禁求非義之事於我。則禁聽非義事之求。

天主之愛非虛言而已。實行也。仁人亦然。經云。我子勿獨以舌愛以實行愛。今之愛舌大手小。不亦怪。實愛在心不以實行顯。無以驗實焉。故曰。實愛不知息在心。必大著於實行。不著於實行。必不在心矣。

天主之愛恒且毅。仁人亦然。於友不妄取。既取不妄棄。妄棄友者其愛非仁德也。孩童之暫情耳。經云。舊友勿輕棄之。新友必不如也。新友如新酒。久而享其美味。今人視友如花。喜其鮮。何哉。

人所當愛有四。其一。天主也。人愛所趣向。美好而已。萬物之美好天主付與之故悉聚於天主其美好踰於萬物之上無量無際矣夫天主萬物之大父母萬物之初造後存悉賴天主無方之慈能保護之其恩又甚大須臾不能離之其可愛也豈涯際所窮言說所喻哉

其二我也我者非我形軀也我靈神也善愛己者必重靈神之德輕形軀之樂若愛形軀似愛己實惡己也惡形軀似惡己而實愛己經云愛其命者失之惡其命於今世者保之於天上無限之命此之謂也

其三人也愛人者恕而已已所不欲勿施於人即天主所謂愛人如己是也愛人如己者則先己而後人爾不

能正己。而欲正人。過愛人矣。貪妬傲。淫諸情。不能無諸己。而欲無諸人。豈非愛人惡己。援人沉己哉。爾欲愛人如己。須先知愛己。聖亞吾斯丁曰。爾先知愛己。許爾愛人如己。未知愛己。恐壞人如己也。爾自愛己否乎。必曰愛矣。誰自憎者。經中天主云。爲惡者自憎自爲己讐也。則爾既愛己。必不行惡。爾欲爲惡。而愛人如己。則亦愛人爲惡如己。以邪愛壞己。及所愛如己之人矣。故既不知愛己。且勿愛人如己。不改愛。必須辭友。欲壞特壞己也。

其四則本身也。愛本身。則猶愛役奴。欲其供事靈神。而

輔之爲善君愛之過當則自僭爲王而溺爾於萬罪矣愼哉

無不可友愛第所擇爲密友者宜有二宜無二宜有者一謂智友情極能相染結友者非先相似必後相似故智者之友必智愚者之友必愚矣二謂德友無德則交友無根故遂毀不能久存焉宜無者一謂忿怒經云與忿人勿結忿人如棘苟近之者必受刺也締交雖固忿火能遽焚之矣二謂驕傲真友必平等傲者欲在人上不堪與人等豈能爲真友哉經云有驕必有侮慢侮慢至友情悉喪矣

友德中所宜備者九。其一、則心相和。一是一非、一愛一惡也。其二、心相通。真友、其心盡傾於友、無所遺焉。為友者心既無私、意悉相告語、事來悉同擬議焉。其三、行惠報友之惠、不可操衡。宜如沃田、受一還百。但勿過爾能及友之力。故與友、宜揣爾所能與、友所能當。勿因貪交而損己。勿因過愛而害友。其四、勸責。人孰無過。爾為真友、見友過、勸責之。第勸毋佞諛、毋侮辱。如明鏡、娓直示其人。人亦弗怨之。勸友、勿視其所喜聽、惟視其所宜喜聽。經云、以甘言僞語其友者、則布網於其足前也。色搦加[illegible]友之過、必須破之。我不傷之、不愛之。我勸責效與否。

未可知也。與其不言失友，詎寧言之無效矣。亞歷山西國大王也。聞一士有盛德大智，結為密友，同居數月，無所勸責。王謂曰：我人耳，豈無罪過？爾不見，不智；見而不我責，阿矣，非我所望也。遣之。亞熱西老西國王也。非恒責其過者，弗聽其譽。謂見過責我，其譽必實；見過不責，譽言可疑矣。其五，於友不求非義，為友不行非義。人愛在前，友愛在後，故為友不可害人，為友不可讎人也。有兩友，其一求行非義之事，一弗聽。彼怒曰：爾不聽我，為爾友何益？答曰：爾求行非義，我聽爾，非爾損友乎？但事有為友可為之，為已不可為者；為友為之，合義為已

爲亡非義是在智者可與權也其六患難不忘棄經云

貞友隨恒愛又云友貧不忘情友富乃可與俱享矣其

七不露友秘經云露友之秘意者即失信非佛能待心

合之眞友也其八隱友惡經云掩惡者索友其九友所

求即予經云友求爾能予即予勿言來日予

七克卷之三

西海耶穌會士龐迪我撰述
武林鄭圃居士楊廷筠校梓

解貪第三

貪如握固。以惠解之。作解貪

貪吝者何。無度之財願也。天壤中物。皆貪心所願得也。故皆引其貪。貪心不日深哉。凡情早發晚息者。莫如財貪。試幼稚之人。他情未發。而即知求得求多也。老耄之人。他情俱息。旣貪心愈深。經曰。一貪財諸惡之根。根者樹之口也。幹枝葉花實。受育於根。財貪。諸惡之口也。忿怒鬬訟欺誑盜竊酷虐邪淫懈怠諸情受養於財也古賢有言財於邪情猶糞於草木糞太多則萎得之則滋邪情無財發微易消有財資之易動速長矣生金之地最瘠不能爲五穀之田愛財之心最荒不能爲善念美德之田

吝者世人所乘之車也心弱酷虐輒大主忘死候四輪也奪攘不施舍兩牛也貪婪御夫也乘此何歸歸于鬼域

經曰惡莫大于貪財貪者但益財之勢心没没焉天主靈心天德天國遠以微財之價易之矣售巳之外

不求價與物稱售巳之內貴物乃不論價稱否

哉已外之物無不願善美者特已不願善美矣聖亞吾斯丁謂貪財者曰凡爾所用有不願美者何物妻乎子乎役乎衣乎鳥乎無一物矣而特不願得美心不圖得淸心望徹勿賤已而不隨心如爾鳥可乎

饑不生奸貧不生淫因貧而受罪者未見焉飽思奸豐恣淫因富而受罪者可盡計哉貧人見刼不避遇盜不畏富者見大人恐謀之見小人恐竊之無或逐之而恒逃無或逼之而驚怖之聲恒注其耳今人俱豔富之我勞疾貧之我安何哉

夫財富極能消人勇力令柔弱如女人貧能忍大苦力能

負重任。一富則勇力膽氣俱消微苦微勞悉不能當矣。亞立山西國大王也與鄰國王達畧戰敗之藉其地俘其財。士卒富于鹵獲達畧復戰亞立山敗績曰。士卒無財莫我敵也。富於財。氣不揚矣聚衆俘焚之復戰滅之

受恩者感恩非徒人情亦鳥獸之情也。無論犬馬矣師子獸最猛受人之恩終不諼亦無不報矣龍蛇亦然貪吝者獨否恒負所未受遂忘所已受及所從受者也故曰石人勿求之言吝人勿求之情夫世富悉天主恩賜矣賜我不賜彼修心奉事以謝之普施周急以報之可矣貪吝者不因恩求識愛授恩者彌富彌順意彌忘天主

豺狼同行絕慈心害人豈獨天主之罪人亦鳥獸之罪人矣

富人之患無友其一其無友何也蜜在蜂聚肉在狼聚在蟻聚穀在鼠聚富在友聚爾富見愛於人其爲愛爾乎其爲愛爾財乎不可知也不可知與無有何異哉爾既失財愛財者去愛爾者留眞僞友乃見焉經曰眞朋福時不識僞朋禍時不匿居貧忘爾者於富必非愛爾矣大世之富無大於良友失財得友以小富易大富何足痛哉

世富者聖經譬之爲荊棘也或問曰棘刺傷身金錢娛心

兩者之情不與乎。曰。是不異也。嘉種播叢棘中。豈能有秋。
即壓之。不使滋長。嘉言美意善行之種也。播之嗜財之
心。財念亦即壓之。不使滋殖焉。夫棘以銳刺刺身。貪財以
惡念刺心。人入棘地。鮮不受害。非害爾身。必攫爾衣。交
于富者。非攫我室。必奪我田。未嘗不受損焉。夫棘申手
取之不傷也。曲掌握之。乃傷矣。握愈固。傷亦愈深。貪者
申手散施。無害有益。惟固握不舍。乃無其益而受其害
焉。夫毒蟄多匿於棘域。倚棘為城。諸凡罪污俱聚於貪
心。亦倚富為城。人欲恣肆妄行。得財為之使。是倚[illegible]惡
彌矣。故曰。富人所為惡。使貧人得為之。獄不足容[illegible]人

焉。經曰。富恣惡而尚嚇。貧蒙害而反噤。富者有言。人盡讚美之。貧者發口。則衆誰何。故財害至多。乃其韋人爲惡。令無所忌。此害最大矣。夫棘者刺時痛。不除之愈痛。除時又更愈痛。財聚時未必義也。故多險多難。心固不安矣。既得之。未必保也。故甚憂甚勞。心尤不安焉。不幸而失。傷心之痛。更甚焉。故曰。財得時生假樂。失時遺眞憂。聖百爾納曰。謀財者。聚時甚勞。得時甚憂。失時甚痛。矧務聚財而不犯義者。鮮焉。聖亞吾斯丁亦曰。富者有益。遂有損。益於軀。損於心。得衣失仁。增金毀義。故富者非惡人。必惡人之苗裔矣。棘者遍身乎凋。惟末銳能刺好財者。身命存時，視財甚乎濔懿美。至其未命，財不我隨，獨聚財之罪我隨。乃覺其刺焉。經曰：安於其財者，殞念最苦。夫童兒相戲藏棘于青花之中。見花者羣嗅方嗅，輒受其刺。爲童兒笑矣。邪魔挾財以戲人多矣。顯其美色，而匿其利刺。故聖經稱財爲誑財。所覩一，所伏又一。所許一，所與又一。許豐足，而與心貧；許安樂，而與心許光榮，而與以多罪之辱；許爲人欽愛，而與以爲衆所厭惡；許永久我從，而與以善脫能遁逃，未待時；許助我以爲善，以救人。既得時，乃誘我於惡，而害人矣。夫能至今世世戲人，無有窮已。而人盡信之慕之，哀哉一人貧而慈。有所得。盡以施人。一賢者慕其德曰。此人財薄能捄人財厚更何如。時乞天主增其財使廣濟人。一日聞有天語曰。我增彼財。爾能保任其德乎。賢者願保任之。天主輒予大富。是人既富。恐或謀之。遂徙居京都與豪貴伍。前日之善念慈行。悉如遺跡矣。賢者往欲勸化之。其僕侮辱屏逐焉。憂甚。聞天語曰。爾既使之得富。又保任其德。非爾過乎。是後所愛人。勿求得富乃可。賢者復乞天主去其財。是人失財。善念慈行如初

亞利斯多。古名師也。西國之爲格物窮理之學者宗焉。彼論人之眞福何在。先定不在世富。何也。眞福者。必我

身心保有之。人所以謂之富者。乃在用財。故富之美福。弗在保有。反在散用。不在得於我。反在離於我。安可謂我之眞福哉

金之貴賤。從于人意。去人之意。瓦礫何殊。是以金寶非因可重。故人貴之。徒因人貴。故重之。惟德不然。自有之價。重之不增。輕之不消

世間相抗立者。相爭鬭者。分上下者。不過於大天中一點地上耳。有尺寸之壤。蟻王得之。必分邦國郡邑。大小尊卑。以爲寬然有餘也。而實湫隘甚矣。路狹往來者相觸故生爭。世富之路甚狹。如兩人相遇穴中。非彼退。我不

得進世富是貧如一物而兩人爭欲得之非是人人[illegible]不得有非多人貧我不得富惟德是富欲取者俱取而不減其路是寬欲行者俱容而不相觸

世財如僞友安則從我危則遺我矣有人以貪吝積得大財忽遘疾將死呼拔于財不得乃怒之曰無情之物乎生愛爾事爾爲爾日不息不繇今我値患爾不拯我我去爾不從我而將從他人乎我必先遣爾遂以散施貧人財既散而貪吝息死乃是安矣

爾與財不能久同居非財遯遺爾必爾物遺財故世財如流水也先已過多方今及此方小頃則流於他方也不

蹔留止矣。未及我時，非我水也；及我而用，以灌我田，以洗我汚，我水也。不用而遠逝，又非我水矣。世財非我財，惟經我手，先曾已經多人，乃今及我，亟用以敬天主，周人遷善，則我財也；匿而不用，旋屬他人，豈我財哉？二人同行，一犬從之，當同行時，孰爲犬主，難識也；視別後所從，乃識焉。爾居世之時，與世同行，世財亦從爾，設誤謂爾財也；別世之時，財從世不從爾，豈爾財？正世財耳。顧靈心者，爲顧己；顧身形者，非顧己也，顧己之物也；顧財者，非顧己也，又非顧己物也，顧與己不相關之物也。故君子之富，全在其身內，無所求於外，外物來不增，去不減。

有貪者所居國爲敵國所破滅城焚其妻子死財物燼子身幸脫敵國王問之有所失否答曰否我物悉攜我身也貪財者所營悉在於物巳則忘矣聖亞吾斯丁曰絕財者所得則巳若心溺於聚財之務則巳非巳西有諺心不在其所在在其所愛爾愛財爾心豈爾心正財心耳西有一人富而貪身歿將殮有聖人鬧多泥借以勸衆令輕世富重天德也問死者曰是人生則大富今死其靈神遽墮地獄爲邪魔徒其形心亦不在身中乃在銀箧中鬧者初謂勸戒語耳巳而疑其言視銀箧中乃有肉心生血猶模糊也衆而後知聖人所言靈神受

罪於地獄信矣

世富如夢焉。謂富者非眞。惟夢耳。饑渴者。寐則夢食飲珍味旨酒。醒焉。饑渴如初。富者得財。殷賑自樂頃焉。貨財之饑渴如初。夢飽食者。嘗其夢也。莫能使覺知其非眞飽也。樂財者。亦莫能使覺知今所得財之果虛物也。死期旣至。夢訖。乃覺矣。惜乎晩矣。此時輕財。非德也。不復已耳。非已遺財。乃財遺已矣。路之末有嚴閽。無論大小物悉奪之。勿聽攜。行路者撿其資。非其不可攜。必棄。世人世路之末。有死關焉。必過之。大小物悉不能攜絲一旦入世無所納。出世必無所攜矣。路資特揺往昔者大

智矣多携者既當長途負重之勞路竟又受全奪之憂
人未有欲升高山而自負重任者負者明徹不願升高山
也天高甚矣爾以重富任已明徹不願升天也有人自
伐已富聖亞吾斯丁聞之曰爾伐何也伐已任大乎美
已負重乎減爾富消爾任分施於貧伴貧伴已救已任
又減兩便矣
大約人之匱貧非因財乏乃因財貪假令爾有衣足禦寒
有食足飽腹有室安居足蔽風雨是亦不易得也人多
望之幸得之必以爲大福大富矣爾得之而尚自視甚
貧無福此爲乏所須乎爲之所嗜乎故曰循性不貧循

欲不富，吝貪之情，使人于富中貧乏，其所犯受罰之正義也

使人愈食，腹愈寬，何能飽乎。貪吝者，有新金，旋制新籯也；有新穀，旋造新廩也。先有金穀，患無籯廩容之；後有籯廩，患無金穀實之。先思容物之所，後思實所之物。一貪未終，一貪續之。故貪心如大道，來往之跡，相繼不絕，無時可靜

物各有其用，食飲能實腹，衣能煖體，然使食飲不實腹，衣不煖體，又焉用之。夫財貪與財均長焉，不能自止其嗜于我，何救哉。故增財止貪，如歃鹵止渴也。夫水能止

渴。第令水在井。渴在口。不相捄矣。金在櫃。金渴在心。曷能相救乎。夫財形物。心神物也。其體與情各甚懸殊。櫃不能盈於心之神智神德。心曷能盈於櫃中之形。人形物哉。矧財又自爲虛浮之物。空室雖無他物。亦滿於氣。但其能容他物。無異于無氣。故謂空虛也。爾得財雖多。爾心能容財。旣得復嗜。無異於無財。不亦空虛乎。故曰財不能飽心。如氣不能飽身。聚之何益乎

以其所得知足者。大富也。實富也。不知足者。大貧也。實貧也。故貪吝者。如富焉。未嘗富矣。聖厄勒卧畧謂吝者曰。爾見財。能奪則奪。不能奪則貪。因貪也曰欺人目。詛人今

曰竊人此微富耶微貧耶積虛實不謂貧富人虛實謂貧富爾心與手俱虛即爾積實于金物我不謂爾富也貪吝者未得弗任得已得不任用兼乏焉不貪吝者已得能用之未得能輕之故兼得焉經曰有無所得者而恒如富有盈於財者而恒如貧有分其財者而日豐有奪非其財者而恒居匱乏此之謂也聖日羅尼曰不貪者世界咸爲其富貪吝者毫釐皆其所須

或問財物不能富人愈得愈增其渴何故曰人既得一即得二之基故貪得二也夫人心之量恢然弘廣自能容享天福之廣世福纖微豈能充之哉夫人以衡稱以尺

量所稱量必有限。人以其所須度所取，所須有限，所取亦有限，得而足矣。鳥獸無人靈，其情欲有節，能以所須定所取。師虎鷙鳥，餓則搏，不則止矣。苟欲得爲得，以物欲稱量物，取物欲無限，物取安所底止而能足乎？勿論世間所有簡微物，卽盡天帝所能造物，不盈一夫一念之貪也。矧簡微世以盈衆貪哉！有賢人曰：人之不足與不知足者，其貧等。或曰：不然。不足之不足，微財可足；不知足之不足，竟莫能足之。亞立山，西國大王也。一日大哭，大臣驚，問故。曰：頃聞天中世界甚多，我尚未及作一方之共主，能無慟？身富無比，心貧如丐，得多之樂不足

解嗜得之憂世貪率類此矣
饑渴者得食飲而止則徵強若不止而逾甚焉則徵疾矣
欲療其病不在益食飲在消浮火財之嗜心之饑渴也
得財知足徵心之精神愈得愈嗜心不甚病乎徒增財
藥不減浮貪可得瘳乎夫物欲與物齊乃足矣故人心
之足不在多得在得所欲得夫欲無限物有限不能拾
物以及欲從不能減欲以及物是以爾願爲富足勿務
增財務減貪爾財物不足爾使爾足爾財物不能令物
及爾願曷不令爾願不過物乎色撊加箴一貪財者曰
爾願得所求曷不願得無求乎無求不勝得求乎[illegible]

得在已得求得在人孰易乎
有財者輕財易既試財苦故無財者輕財難特視其虛光
故有賢者曰使圖貴者能信貴人言貴者之苦圖富者
能信富人言富者之苦不圖矣
貪財者正爲財役非主也非自獲財惟獲於財故貪吝者
聖經謂之財之人人之財理也財之人貪吝也故言吝
財者獲財猶言囚繫者獲桎梏實非自獲桎梏正獲於
桎梏矣主喜役亦喜主憂役亦憂此忠役也財消爾心
亦以憂消財長爾心亦以樂長且以傲長其爲財役其
明矣夫爲財主者隨欲隨用吝財者心本願用理亦冃

宜用天主亦命爾用而存心不聽爾用既悉聽其命而欲不稱其役付于大人有僕以分憂慮代煩勞財在遠處尤深煩勞尤重爾不能遣財出戶而財能遣爾遠遊涉洋入險負勞爾悉順從之也忠役矣哉人有僕役惟求其身力不責其心慮獨貪吝一情旣奪我時盡殫我力又奪我心止使謀財不得他慮也已多有善視其僕役者獨貪吝之情役我最煩視我最薄幷我食我衣悉將靳之

亦有譬果之易脫木不傷若在高杉或帶固帶人將攀援擊落之食其實披其枝矣貪吝者自不忍舍人孰聽之

多方以破其意拂其願財失而苦辛甚焉
聖亞吾斯丁問貪吝聚財者曰爾勞苦誰爲乎曰爲我子爾子勞苦誰爲乎曰爲子之子如是以至無窮則無有爲巳乎爾云聚以與子安知不聚與賊聚與火聚與讐乎爾以貪吝漸聚之安知爾子不以蕩滛忽散之故爾愛子遺之以德則福并隨之遺之以財德與財俱險矣財者萬罪之器以幼子擁多財如狂夫擁利劍也纔巳害人俱不免焉羅濟西國富貴人也有愧之黃白金數億者却不受或惜曰受之不自用盡以遺子孫乎答曰子孫循理節用我所遺多矣若恣欲湏用兼彼亦不足

受之何益乎

加德西國名士也。將終。以黃白金數億寄其友人曰。我死之後。子孫作德善用金予之。否則毫末勿予。或問故。曰。金錢者。善用之爲德器。否則爲惡器。我子孫不能必其爲善。不願助其爲惡

西國一人富而貪。有二子。長子私慮。我父取財豐多。有不義者乎。分受其財。或分受其罪。因遁世脩道。父卒。少子遂全獲焉。越數年。少子亦卒。長子恐父弟因財入罪。遂虔不已。祈天主賜見所歸處。天主賜見地獄中受罪者。徧覽無有。喜幸。次見父弟兩出於眢井。互詈互擊。父詈

子曰我爲爾盡心力聚財以而受罪我恨爾子詈父曰爾不義財遺我使我受罪我則恨爾

一商人富甚將終謂其友曰我身瘞之某處我靈神并我妻子之靈神付與鬼魔俱瘞於地獄聞者甚駭以爲狂病切責之答曰非也我心甚明因問故答曰妻喜鮮衣若金寶之飾子喜佚游我願聚財以給之多至欺人害人固宜并受其罪言訖而絕

平心受貧忍也樂貧大智也貧賤之樂升天之翼經曰神貧者乃眞福爲已得天上國也況樂貧者非貧身貧心亦貧貧乃爲德身貧而心貪貪非德乃患令謂貧者非

眞第假僞貧用飾實貪吝
世財所在百物隨之故世人欲得財非爲財也財得世物
皆可得世事皆可爲也聖賢修德者反是知人性脆弱
恒垂於惡得財之便情欲易遂諸惡易成情欲在人矣
發雜側譊生難屏則絶令無以爲之階絶其階情欲易
鎮功德易保矣故聖賢不辭貧非畏富惟畏己恐以形
之僞富害心之良富也
富有中道捄爾貧患足爾用是也亞利斯多曰財富不過
中則幸若過者易以順理故也人於財聚以所須爲限
甚善不則以所足爲限亦可也外此俱險矣故西國大

名士撒辣滿祈上帝曰。誑言遠之。我心。貧富咸勿見賜。賜所足足矣。富過有。恐忘爾而云誰爲我主。貧過者。又恐流入盜竊誑誓故也

知貧非大灾者。則知富非大幸也。若此人。可令富矣。君子於財。不羨。惟隨順之。得之不廢。惟輕之

古以事任人者。視德巨細。今以事任人者。視財多寡。德榮財奪之哀哉

一人富而吝。遇事變。盡亡其財。以告色搦加。曰。若失爾財兼失爾貪。大幸矣。即不失貪。失財。去貪之媒。亦幸也

望厄勒卧略曰。見貪吝者。慨所已得。而冀得人所得。未得時。

日慮夜籌，躁擾萬緒，而業豐貲，事所願隨大，計慮隨廣。倏思得一漁獵之策，自以爲得所願得也，大喜矣。倏思所已得，若何運用之，乃得饒益。倏思當有妬我富者，謀我財者，其所設計畫如何，我若何應之防之。尚未得一物，而虛樂之，虛爭之，虛保之。未享財益，而已得貪亂煩勞。

財多，食之者亦多。費財之緣亦多，華衣，衆役，豐食，珍器，與凡顯傲之跡，皆富之漏竇耳。傲者，富之蠹也。以富生而消富也。富者云：我所須事物最多，非豐財，安能備之？不知多事之須，正生於富，非因須得事物，故不免于得財。

又因得財，故不免于事物也，財消所須物亦消，古有賢絕富喜貧，一日入大市見貨物甚多，曰今我所不須若此多乎，聖亞吾斯丁曰財厚自伐者，猶身病瘍，而云我所得瘍方甚多，以自伐也，無瘍不更安乎，一人恒受魔害，聖意辣捄之，是人其感其恩，厚餽金寶，聖人指所食麵麥餅，所飲水，所衣惡衣，曰喜衣斯，食飲斯者，視金寶如土也，竟却之

我西國有兩人鄰居，一甚富，一甚貧，富者日事經營，煩擾憂慮，貧者日出傭工，夕持直歸，自給而已，不求其餘，歌樂不輟，富者異之，曰彼貧恒樂，我富恒憂，何故，遂召貧

者曰多年比屋知子寡于財皆于德欲相拯濟今貸錢若干萬緡任往市易約若干歲歸我以毋錢足矣貧者感謝不已既得財憂慮不間弗復歌矣彼富者而後知已憂生於貪彼樂生於無貪也貧者亦自知得物失安一樂持其貲遝還之歌樂如初

弟阿熱搦西國賢士早年慕道絕世富而苦貧一日向水濱自浣蔬亞利斯弟見之曰子有大德大智能與我事王可大富貴何至自浣蔬對曰子能與我知足一試置乎之樂可大貧賤何至以諛言欺王

一賢大富自覺財念甚阻於德修輦金投之海曰惡物

我先溺爾不娛爾溺我

貨財之美有一端能顯明人所懷善惡

經勸我曰勿勞躁圖衣食爾天父知爾輩皆須得此爾盍視空中鳥不藝不耕穫而天主衣之食之爾輩不皆於鳥乎焉忘爾哉且爾靈神暨爾身命俱大於衣食天主已賜爾大者獨靳爾小者哉惟爾先求天國及天國之義而衣食諸物天主多畀爾矣撒落滿西國大王也欽奉天主最純最敏天主遣天神謂曰隨爾所禱我悉從爾王曰予小子年幼識薄國民衆多恐不足膺此重任也望主賜我良善心明朗識可辨別善惡當否以撫

此大衆也。天主大喜曰。不求富壽復讎。特求治人之智。令如所求。大智。令絕前絕後。莫與比者。此外復益爾所未求富壽榮名也。君子秉貞一心。奉事天主。有餘力。或以求財。必用正道。天主無不與之。財雖微。得之大安享之大樂。聖達未得曰。我自幼至今老矣。善人而見棄善人之種而乞食。未見也。夫富由天主賜也。所以得之道天主自已定矣。爾從其道易得焉。惟爾欲爲富。不望之于天主。不求之以正義。特恃巧計。欺人。恃威强奪人。貪欲得而不計如何得。得之不安享之。不樂失之。最速。何足怪哉有賢者記所見一人貧甚偶得數銖往粥酒用河水倍之售價亦倍如是數月積得十金貪心不已盛之革囊入市貿易適饑欲買食委金於旁烏誤以為肉也攫之去是人大呼追之河上囊破金隕沉焉從水而得從水而失但漸積覺亡枉用勞徒存罪耳可不戒哉

聖厄勒卧畧勸一富者曰爾值取財之勢宜思非義之財一取即得罪於上帝也財不償罪不得去罪不去永刼之殃亦不能免而妄取之險哉爾既得財宜思爾去世之時財不隨爾特取財吝財之罪隨爾財業遺之他人聚財之罪永刼自負愚哉深思此理貪吝自消

二士好道遊先達求益經天主堂入瞻禮門側有三瞽者坐乞自相問致瞽之由其一曰我早年因惰故貧一日有富人厚埋藏金寶甚多我夜入其墓盡拑焉特遺其祖服既出又貪是服復入褫之死者忽起以兩指鑿我雙目遂瞽矣二士聞之曰天主命瞽者訓我戒貪耳受益多矣遂不復造先達也

貪吝者不止貪財吝用而已亦有貪智吝才者取非其財謂之貪圖知非理之事測人上之理謂智貪矣前知禍福天壽及諸未來事悉屬上帝無量智能天神不與焉矧人類哉爾欲以數定之以陰陽干支測之不亦智貪

乎。財貪奪人之財物。智貪僭天主之智能。罪孰重乎。故天主聖經。嚴禁知願。勿過當。務廉於知。人上之理。强求測之。最險。惟從天命。最安。勿問星命。勿信夢卜。勿選年月日時。聖亞吾斯丁亦曰。世間測吉凶未來諸法。悉以邪魔惡心。傳流天下。以網人于罪。故凡信行諸術者。無不得罪天主。功德悉敗。死後不免永罰。目前所願免之患。以此更深。蓋天主因所犯罪罰之。或曰。星家推算屢驗。何也。聖人答曰。此上帝所以罰智貪之罪也。愈驗愈以爲可用。愈用又愈陷於罪。今世以罪罰罪。後世尤增無涯之刑。僇焉

人有智可以啓人之愚有德可以廸人於善有良方可以拯人之疾有力能可以援人於患斬用之皆吝才也才爲物非散之可消施之者善得之不施之者不善得焉夫財日下愈散愈消故斬施者多也若才德愈施愈長何吝哉財吝者生不用死留他人用才者生不用死與爾同死人不能用全歸無益斬施何爲

論施舍德

夫物無論靈蠢愈善愈崇愈願推達其美好吉福使廣至於物也無靈之物莫崇於日月其德下際其光普照萬宇之內大小共達焉有靈之物莫尊於天神其保護狀

持之恩無微物不被焉。人德彌大，其欲化人於善德，欲萬物各得其所，彌切彌急也。上帝之仁與義均無量也，而經中獨以仁慈之名爲號，其恩施出本性之慈仁，故恒過功；其責譴刑罰出於我罪，故不獲已，而恒不及罪。故有實德者，必愛人於萬物之上，不辭勞苦以救人患，不惜費以拯人貧。若吝於費，明徵爲鄙人，且無德焉。

聖逸羅尼曰：喜捨施而以患死者，未之見也。人求爾，爾能予則予；不能予，告之以其故，即不予，人不恚矣。若設巧計拒之，不可也。西有國王甚吝，有求多物者，曰：已多。爾不得求；有求少者，曰：已少，我不屑與。悉不與焉，人俱恨

之亞立山亦西國大王恒謂我樂爲王正樂得與人也
或求以少物王厚賜之是人謝王曰我不視爾所求惟
視我所當予或問曰所得盡予人已所留何物乎王曰
留予人之樂耳國人俱愛服之
第阿尼王見太子珍器甚衆責之曰爾不知以此器增忠
臣良友無上心矣示得人心莫如慷慨捨施也
西有歷刪者教王也從卑秩陟尊位恒曰前居卑富稍遷
貧今在王位如丐焉蓋位愈尊採衆心愈切費愈大有
求以物者能予必予有求以事或不合義者即問曰爾
行此可得幾何遂以予之曰吾與爾所得矣勿行可道

有尊者僕役甚衆家令請曰役太衆請擇其有用者餘
罷遣之因兩藉其名以進上閱竟曰此有用者我須彼
此無用者彼須我悉留不遣

施捨二戒一戒勉强爾喜予予乃爲恩强而後可弗德也
故曰我感人所喜予不感我所强攔也色搦加亦曰吾
不視人以何物與惟視以何心與不視何所爲特視以
何意爲有人喜與與而如自受所與雖微吾視之甚厚
何故吾喜順手不喜滿手

二戒需遲諺曰速與者兩與人有所願莫甚乎久久懸望
而弗得焉故與其須不如即拒即拒猶微也譬鑿人者

以漸加刑似愛而實酷況遲施者久或斬之辱慢入人深於恩惠恩惠易忘慢辱難忘猶之與人也先以須暇辱慢之以久懸厭苦之尚望彼感爾情厚報爾恩施乎不爾然足矣物以金易不如以久久求望易者貫貴也自好之士啓口求人着行餘千面爾不竢彼求先予之而免彼羞焉此之爲恩不已厚乎

施恩者宜視所施人及所施物也物勿合施一人宜及多人先巳後人先親後疏先善者後惡者爾欲效上帝勿棄惡者日光下照不遺惡人也貧人雖惡與視其惡而棄之無寧視其性而拯之所施恩勿遺爾量視友如巳

足矣則仁之存從己身始救于貧不使我貧救患不使
我入患乃善乎也
施者益一人不損一人善施也苟損彼益此損益半可謂
善施哉施不待求謂之義恩如求我以非義而施之謂
之求無知我施彼彼必恃恩以恣惡勿施之恐其罪惡
及我故也
有不可不忘施恩于人者是有不可忘受恩于人者是爾
施不知謝勿怒也不怒或可化令改矣怒之則令增惡
彼人也不應一施必應再施再施亦忘三施之或并前
二能恕憶焉若不增新恩豈不失舊恩而得無乎且微

爾旹棄矣施恩而失之不足徵大度失恩而施之乃足徵大度也故君子能施於無情之人以至死令有情如良農以勤功勝地荒

施捨功非一端最大者爲天主周貧乏也經言爾授乃受且曰爾掩耳不聽貧人聲爾將呼亦掩耳不聽爾聲又曰周貧乏之富其藏之固固于金寶之藏周貧者可以消鍊往罪動天主慈而令得天堂長命故也又曰爲我施一升河水必不失報矣天主審判人時罰惡者曰我饑渴不我食飲裸不我衣旅不我舍令逝於永火與鬼魔並受之 惡者曰我主何時若此而不爾恤也帝曰

不施我者。是不施我也。向善者曰。我饑渴。食飲我。我裸。衣我。旅舍我。今與我升天域。與天神同受無量樂矣。善者亦曰。我主何時若此而救爾乎。主曰。施於貧者。是施我也。故經曰。不哀矜者。天主必以嚴義審判之畧。不蒙哀矜也。惟哀矜者。乃眞福。爲其將蒙哀矜已也

升天之路非一也。天主貧爾。欲爾以貧忍功受報矣。富爾欲爾以周貧功受報矣。是以天主富爾。非欲酧爾德。正欲成爾德。命爾周貧。豈徒救彼貧患。尤欲救爾罪患也。但爾須悛改舊惡。乃能以周貧之功。動天主之慈而赦罪。心存罪惡如故。是以巳物奉天主。以巳奉罪也。能以

則必為天主之所義而免罪刑哉
爲上帝周貧者似授而實受所授則上所受則天也故貧
人亦當云使無我受爾土爾安能以賤土售天國乎爾
以授益我耶我以受益爾耶
百穀收之者失之播之者益之世財亦然爾匿之今世不
用後世又不能用共歸無益也施之貧人今與後世俱
有益焉故爾所收財不能恒得所施財乃恒得所施自
享所不施遺他人享經曰慈貧者積富於天域也故濟
貧則不失乃置於安隱之處耳爾有粟盈廪爾友告爾
此地下濕粟必芽且敗爾不遽移諸爽塏乎聽友勸粟

曷不聽天主勸財勸心哉

西國王有一大臣或於王前訾其過富王問之果否對曰否臣千金產耳其人曰某室某田買幾何曷而謾曰田里諸物王欲取即能取豈我物耶獨嘗爲天主施於貧人者千金莫我能奪也臣千金產耳

經曰濟貧者所施是質諸天主也質庫之利天主償之施一今世得百後世仍蒙天堂之報矣西有貴人盛德大富汝所施貧人甚多恒云吾濟人不惜財意欲令上帝負我微責乃遽得厚酬施一得百施百得萬故施愈多所寄[illegible]主責愈重也

富之然然如胃於諸體也。胃消化食飲。自取所須。分其餘於百體。故胃強而百體王。若盡留而不散。胃有有餘之患。體有不足之患。兩受病矣。不足之病。病在百體。有餘之病。病在中氣。孰大哉。

或曰。天主之能無量。何不自救貧者之患哉。曰。主有粟。或命人給散之。是人竊而衆餓焉。豈其主過乎。父有子。令共一衾。中夜。一子掣而擅之。餘子寒苦。失豈在父哉。人皆天主子也。天主所與世財。則足救世人有餘矣。惟爾以貪擅之。以吝靳固之。不聽天主周人之命。果天主所豈不冤耶。爾貪吝各有餘耶。彼貧者饑寒。爾有餘財。當衣食之。不衣不食而死。則爾殺之。帝必責爾償焉。

七克卷之四

西海耶穌會士龐迪我譔述
武林鄭圃居士楊廷筠較梓

熄忿第四 凡三支

忿如火熾，以忍熄之。作熄忿

怒者何。從讐之願也。惡言詈語。爭鬪戰伐。傷殺過刑。諸情。皆怒之流也

經曰。凡怒者。易流於惡。聖厄勒卧畧曰。忿怒衆惡之門也

衆德安其居。故忍在心。如長在家。百役無不斂謐靜。忍去。心怒。目瞋。舌譁。面厲。手奮。身傾

百……三……亂矣

易怒者。如居舍草舍矣火立燼。今日大富。明日大窮矣

怒火不戢財力悉費精力悉耗。是自焚也。又如水煮物

於釜中。薪盛火熾。百沸不止。初湧去浮沫不止。滑汁俱盡

不止。釜實乾焦。更不止。釜并破裂

忽怒者。人情也。畜怒。則罪人矣。蓋怒老則成惡。惡成與殺

人罪等

以微害輒怒者。本自謂不宜受此害。而實為所以宜受此

害。以微觸輒發痛聲者必徵其負創。以微害輒發怒者

必徵其負傲。大容與大傲似而實異。大容之人。輕忽世

患故恒靜不亂恒榮不辱惟傲人不能忍微害故慍怒不止爭鬬不絕

非義之怒猛獸之情也無理以御心無忍以當害故有毒氣螫尾或有堅蹄銳角或有利齒長距恣所用之以防害復讎獨人赤身而出一無所有示其性善良宜相合無鬬也人忘其本性而自造衆多凶器以害人不知以本性之理熄怒而欲以獸情復讎是上帝賜爲人而自類爲禽獸乎且禽獸雖虐無害其同類者卽鬼魔更虐未嘗不相合以謀我害我獨人之凶怒乃傷害其同類之人愈虐於惡獸邪魔哉

凡邪魔賊人于罪。密求可乘之隙。可乘之隙。莫如怒時。盜入人室。必俟其昏暮風雨交作。很乃攫物。魚網之設。必在濁水之湄。邪魔虛賊。貪狠巧漁等計也。欲陷人於惡。必窺人怒時。詈言虐行。害人害己。皆基于此。故邪魔最喜人怒。一人怒不止得一人。因得衆多人。何故。怒必有敵。或遷焉。展轉相牽相陷矣。

智者必不怒一人。何者。人非善即惡。善惡者非至愚。孰怒之。惡者亦不宜怒。心惡猶身疾也。身疾者人共憐之。心惡者共病益重且危。不尤可憐哉。一人訾己。擱加人告之。答曰。若以存心訾我。我或怒。但以病心訾我。何怒。

所加德。西國名士。途遇一人禮敬之。其人不答。從者怒欲責讓之。所加德止之曰。若有身病於我者過此。爾怒之否乎。此人之心病於我心。何怒爲

斯德望。西國名士也。或怒之無所洩。則焚其禾。佃者來報以爲恨。答曰。我害在我外。未大彼害在心甚深難補。盍哀彼而哀我哉。故以怒害人如蜂。蜂以怒螫物。物得微痛而自失命

與平等鬭險。與強鬭狂。與弱鬭辱。故人之傷爾者。弱於爾宜恕彼。強於爾宜恕爾。與爾等。宜恕彼與爾

人奪爾冠。爾因棄爾衣。挈餅墜井。因而投綆。孰不笑爾乎。

人奪爾財榮，財榮已失矣。忍而害止。爾怒而復讐，自又敗心德，虛功力，失天報也。奪爾財者，絕爾於富，藉爾怒復讐，自又絕於善人之藉。彼奪地上暫福，自又奪天上永福。彼害爾物，爾又自害己。害孰重？讐孰眞乎？故曰：怒人者，不先重害己，不能輕害人。況人未必害己，無不害

人有詬爾者，曰盲人詈我，我甚怒之。爾必曰：彼盲者曷能避爾？則有目能避，不避爾，則過矣。怒人心目不識理形，目不識人，爾不知避之，宜自怒，何怒彼哉。

亞勒山易怒，亞利斯多德之曰：自視善且大於衆，而以此輕其謗言，可也。此言似忠而佞，以惡攻惡，不免爲惡爾

受人害。勿以已爲善於害爾者。惟以爾德爲堅於彼害。可也

厄爾則大西小國王也。事繁役多。未嘗有憂怒之色。或怪問。何以能如此。答曰。怒心萌時。恒默念曰。使僕役拔爾鬚髮。尚未及一微怒之害。兩害宜擇輕。乃擇重耶

聖百爾納將終。其弟子請教以入聖之方。答曰。恒從人。不從巳。受人害。不怒不思復讐

瑪加略怒一蠅而殺之。遂自責曰。蠅嘬不能忍。能忍大苦。遂解衣行野。令蚤蝱嚼其膚。人問故。答曰。習忍責怒。修德累年。忽聞有聲曰。某所有二女。其德修精於爾。遽往

見之。問其修德之方。答曰。姉娌也。同居十五年。無一忿一言相迕耳。問何以得爾。曰爭者起於爾我。我輩相約共絕世財與世榮。以不貪無爾我。去爾去我爭亦去矣

騃人心目者莫如怒。理雖甚明。心怒不能見之。先所已明。心怒復暗。故凡人斷決諸事。最忌者二。躁怒。大西之俗。罪人有未服者。得上於他司更讞。國王費理薄視朝。怒一大臣。輒欲論死。其臣不服。曰當上他司更讞耳。王愈怒曰。更誰居我上者。得讞爾。答曰。今王怒。更上於王不怒。更讞則是矣。後王怒解。果明其無罪。貰之

暫狂也。以酒醉。以怒醉。等也。狂人醉人之言之行。不治

義故曰最不可共計事者三色貪酒醉忿怒怒時所行
怒解必悔故怒時宜自禁且勿思且勿言且勿行所以
怒事且勿責所怒人如欲渡者風順則行逆則止怒動
風逆此時行險哉怒息浪平行可也故怒時特務醫已
勿務醫人凡所欲爲雖似甚近理第疑勿信第緩勿急
蓋此時最不便語言行事而怒人最欲語言行事亟勸
山性易怒因怒易害人亟利斯多箴之曰怒動必先誦
本國字母數過然後命人行事瑣加德愈怒言愈寡聲
愈微援辣多怒其僕曰我不怒必責爾
凡病發時尚可用藥忿怒一情獨否怒起蔽心之目當是

時無有能識其怒之非也猶馳馬馬馳無有能遽止之故易怒若於無怒時宜備防怒之藥西國有名王或貢以玻璃水晶器王喜厚賞其人稍展視則一一命碎之見者甚惜問故王曰我信喜之第我甚易怒此物甚易壞若有人毀之我必怒令豫絕其端無使怒害我我怒害人也

則撒爾大西諸國宗王也有大臣名薄錄王一日幸其第薄錄盛之其盤盂俱玻璃水晶之屬光彩陸離役吏趨走傾跌毀一器命薄錄甚怒命投其人池中為魚所食犯者從赴大王前跽請救王悉聞前故命役者捧寶器以

來徧閱之旣見一一破毀之且命平魚池謫薦並曰上帝生萬物爲人故勿論大小尊卑是人則非天壤間寳物可比爾愛物於人上不識重輕甚愚也以微物害人命大罪也今破爾器以杜爾狂端

亞勒山亦西國大王也其母怒一無罪人求殺之告曰大人以他事命見無不共命第無罪人之命無物可以償之乞赦之

君子緣罪怒人怒不獲已罪改而怒息小人之怒出於自心無故而怒故一怒則存怒增怒直欲以重怒久怒顯其宜怒

二七九　六

或問忿怒悉惡悉宜絕否。曰否。聖契理瑣曰。不當怒而怒。自犯罪也當怒不怒不欲救人罪也其罪等。有怒其罪謂愛其人見非義而心不動非能忍也惟過柔耳忿怒從於理後則爲義役。勿得過柔刑當其罪甚助於義若在理前而僭爲主斯過於虐其害仁義矣怒人如治病醫者愛人故怒其病求攻之仁者愛人故怒其惡治其罪求改之令人不然怒惡之人不怒人之惡原惡不改於人怒惡先染於已

愛讐一支

爾遇難不能忍。所行善無益。凡懷怒時所爲善事雖大所

未以供事天主。雖厚上帝必厭棄之。經曰。依爾施人。天主亦以是施爾。爾以慈施人。天主以慈施爾。爾以虐施人。天主以虐施爾。經中天主謂人曰。爾持物供我。既臻我前。偶憶人有憾爾者。姑置前往與彼講。次來奉供可也。故不與人合。不能與天主合

經曰。爾欲復人讐。天主必復爾讐。又設言曰。一臣負王萬億。其不能償。王命并其妻子粥之。臣跽請曰。乞寬臣時日。全償焉。王憐而全赦之。臣出遇其僚。有負已百金者。扼而索之。是人亦跽請曰。乞寬我時日。全償焉。不聽。囚繫之。傍觀者憤且憂。以告王。王大怒。命捕之曰。惡吏爾

求我我全貰爾爾曷不憐彼如我憐爾乎乃付司刑俾全償爲爾爾不以誠心赦人天主施爾無異此故爾欲復人讎上帝所已赦罪復追還之

經曰爾不赦人天主不赦爾赦人天主乃赦爾爾得罪於天主人得罪於爾孰多乎人得罪於爾無幾也爾得罪於天主無數也赦人之無幾以得天主赦爾之無數不便乎譬爾負人責億萬金人負爾責數十金悉載一旁留之卽人償爾少爾償人多不留之卽人不償爾少爾不償人多爾願留之乎願焚棄之乎願焚棄必矣奈何記人少罪令天主記爾多罪耶

論功德之巨微視事難易難者功巨易者功微矣人有他惡不直反我愛我愛之不甚難獨惡我讐我者之惡直反我愛愛之絕難故深增我功微我德焉

熱遠物之火熱近物之火火孰盛熱遠者盛也愛讐我之仁愛愛我之仁仁孰盛愛讐者盛也大火聚所投物輒化爲火大仁所値事輒益其仁微獨以恩益以告亦益羣歌合作則善歌者混獨歌善乃露焉爾以愛天主之心愛友友或爾契也或爾施也或爾倚也卒愛合出則愛天主之心亦混讐者無他可愛故愛天主之心特露于此

經曰愛愛爾者是易惡人亦能之爾獨能如是蒙何報於
天焉爾能愛讎爾者能惡惡爾者乃爲上帝子也偶令
爾在上帝前曰彼愛我惠我我愛之惠之上帝必曰此
愛已得報矣我不負矣若曰彼惡我害我我爲上帝愛
之惠之上帝必曰此愛我負矣我報矣
人有讎爾若宜即思并有兩讎人一魔一一可愛一可避
一明攻於外一暗攻於內爾以形之福勝人故欲奪爾
所勝之福以讎之愛勝魔故欲奪爾所以勝之愛爾欲
復人讎則令魔復爾讎爾欲勝人遂令魔勝已爾樂能
奪人安魔樂能奪爾德惟爾能愛讎兩讎俱勝矣

復讐者。於人害覔其安。以人損求其益。能得乎。塞掇加曰。

大容之君子。讐既在手。則以能復讐爲復讐。知復讐之大。且榮者。莫如能復而不復。莫如能害而赦也。故曰。寛讐之榮。甚于勝讐之榮。況爾欲復人讐人。又欲復爾讐爭鬬紊亂。何所底止耶

復讐者云。不任受辱。不悟不能忍微害。而欲復讐。更爲正辱

經曰。勿日以害報害。望主而捄爾。捄爾何也。捄爾於復讐之勞。之辱。之費。捄爾於身害。心罪。地獄之永殃也。經中天主謂人曰。讐之復由之我。我復也。爾不言。天主代爾

言爾不罰天主代爾罰爾言爾罰天主則不復顧爾矣有人告一賢者曰某害我我欲復讐賢者仰天曰此人自欲復讐天主不必顧之其人悔悟不復也

修德者皆急于識巳過識過斯能改過矣夫人皆重愛巳故不能盡識巳過也佞人之言又不可信也友我者猶情而閉口矣莫我攻也欲聞巳過惟讐我者而巳故曰讐我者惠我而不望我報正可愛焉

意撒白西國聖公主一日跽上帝臺前誠心祈曰每害我者願天主賜一恩以報之輒聞有聲曰生平所行徒未有感動天主如此此願者今悉赦爾一生之罪也

則撒國以西巴尼亞有殺寡婦之子者吏將收之寡婦知所在贈以良馬資裝令速避去是人得脫其子忽見大寳光謝其母曰死後過失未淨當受多年煉罪之苦今母以恩報害以愛報惡甚感天主心故赦我罪免我刑已昇光明天享大福樂此恩豈生養我可比哉言畢不見聖亞吾斯丁曰不赦讐者天門已闔之其所不入於天主天主之慈惠亦不降於已也

葆琭聖人曰宥爾者贊美之勿謗訕之勿以惡報惡又曰爾讐饑食之渴飲之不勝於惡反以善勝惡矣若以術報害免已犯罪以恩報害又救人罪以直報讐免爲人

讐以愛報讐又化讐爲友孰善乎
費理白西國王也有弗爾寄者恒謗王王之諸臣請捕治
之二日偶遇其人王優禮焉色和辭温由以厚餽越數
日王問其臣曰弗爾寄謂我何皆曰其誦大王之德
王曰然我爲讐良於爾
亞立删西那㝡尊㝡盛德人也人人竊其金器物以逃
他日此人爲敵國所虜亞立删厚貲贖之他凡有害之
者必厚恩以報之故本國俗云欲得亞立删之恩莫如
害之
西國有人欲殺其讐求之不得遇大瞻禮日入天主堂避

見焉遽欲手刃向之忽自轉念言今日大瞻禮人人向此中悔過遷善求赦罪于天主獨我向此中殺人報讐重得罪于天主不可遽攜其讐同詣天主位前誓願今日以後為天主故不復尋爾願爾亦為天主不復讐我其人感動相與相棄前惡共詣天主像下抱足頂禮于時木塑聖像遽伸一臂下抱其人萬衆共見驚異歎仰知忘怨釋怒天主所最重也其聖像伸手作抱勢至今不復收矣

以忍德敵難　二支

忍者何以平心受害不思報我害者是也

夫忍者善人之甲冑也以當世變勝鬼魔攻諸私保諸德防怒羈舌御心養安鎮怖祛憂絕爭抑富者之恣伸貧者之屈居尊巍者使存謙受艱難者使存勇人得罪於我令我即赦之我得罪於人又令我不求赦之忍離於心無事可成此何待遠試即此鄙篇所述前聖賢訓忍之說非有忍德者必不能熟察其端深思其理堅從其箴而受其益焉

凡世所謂凶禍者忍德能轉為吉福凡世所賤所畏者忍德能變為可貴可愛物也世所賤惡無過貧窘疾病恥辱損失患害忍人能樂受之則以償其罪責以贖其罪

刑以增積其德以市天上國也其直豈世間珍寶可論哉故忍人以侮辱榮光以賤微尊貴以降黜上昇以貧富以餓飽以負勝以荒歲豐以逆風行如海舟值浪險浪愈高迺愈近天也

忍保存諸德防諸惡經曰子欲就事上帝須恒抱畏心而豫爲備以當諸感窘迫蓋人欲行善修德必須忤世俗攻習情防魔感則三爲我讐矣三讐者要結以攻我世人譏笑撓阻於外習情衝勃擾亂於內鬼魔煽誘攻戰於內外譬如畜鳥閉之樊中則已決而飛必百追以求復獲人爲惡已墮魔計則已決而遷改必百誘以求復獲

苟無忍德以當之。非所去惡。今復行也。聖厄勒卧畧曰。欲行善無忍德。如在嚴陣中無兵甲。能不受傷失命哉。遇難而委命者多。遇難而堅忍者寡。以力服國者多。以忍服己者寡。故忍一難之勇。甚於委自身之勇。服一己之榮甚於服萬國之榮。忍小難之功德甚於行大事之功德

人無不可勝。獨忍人不可勝。以勇力兵。革鬭勝負不可定。以忍鬭勝定矣。忍者能加以世難。不能染以世污。能滅其形軀。不能消其仁義。能使其身痛。不能使其心怒。能奪之世福。不能奪之心樂。故一眞忍人總天下人莫能

勝之無兵革而恒勝兵革不敵人而恒服敵之者經曰忍者善於强者强者以力脅人不能以德服已勝一國或不能忍一言服天下太衆常自屈於心欲豈不勝辱乎忍人先以德勝已已勝其外無不勝故曰勝已者無不能當人服之鬼魔亦畏之意撒西國之賢人魔甚畏之或問故答曰從修德以來恒自舉意必不使怒念注心怒言出口

未曾德西國大聖人也心純一事天主時國王甚惡欲强令棄去事他神像未曾德曰天地間至尊真主惟有上帝此外稱主皆僭矣正宜絕之棄上帝弗事事焉罪惡

孰重此乎。王曰。從我予若高位。且厚賜。不且為大僇。聖人不聽王怒。命懸而榜箠磔裂之。聖人心顏俱樂。了無痛楚聲王益怒曰。不聽我。且更加大刑。答曰。此我願也。王又命束縛囚之冥獄中。地布芒刺。絕諸烈火周身熾熾數日不給食。聖人謂王曰。世所言苦者。為上帝受之。即不足為苦。正惟喜樂事也。以苦鬬變其心。曷可得乎。威王以苦鬬聖人以忍。當王力竭計盡。能損聖人之生命。卒不能敗其忍。不能屈其義。不能奪其樂。孰勝乎

惟以忍御難者。能避難若。以怨怒。遂得兩苦。原苦一。今怒一余屢聞之人曰。我怒何益所失不追。而更以怒害我

夫旣不能以怒去害奈何不以忍增德忍則省今怒之
苦并消原苦之苦矣何者人有難大都由上帝降爲罪
罰怒增罪故愈觸上帝怒而苦愈重忍增德故感上帝
心而罪赦罪赦而苦除夫世間所謂苦辱非正苦辱惟
係人意意以爲辱則辱不以爲辱不辱矣翁阿熱一人
譏之答曰爾譏我我不任爾譏色搦加曰君子非以罪
惡爲正辱舍此悉非辱也受人辱曰彼欲辱我未嘗辱
我矣如此非特辱消辱我者亦止何者彼欲辱我卻我
不以爲辱無道可辱我止矣

修德者有三級有始者有進者有已至者忍亦有三級巡

難強忍之忍之始遇難樂忍之忍之進願得所忍難而求之既得而樂不願去之已忍之至也已至之人其身在地實天人矣

或問亞利斯多曰大有容之人何自識之答曰能以平心愉色忍受大難者是也故易怒者驗其量狹老人病人婦女孩童皆量狹皆易怒難解

上帝心無量寛故亦有無量忍人之得罪者能即罰滅而尚寛容以竢悛改蓋慈賞出于本性故無限怒罰出於我罪故不得已人逾忍量逾寛逾似上帝爲天人也天之所雲不掩其光風不撓其靜終古如一惟下處自然

自晴自寒自暑大容之人事變而心常世亂而心靜身難而心不憂如立方物六面如一無不安穩又如黃金煉之不耗鍛之不斷以爲小器爲大器其價埒惟寡容狹心之人倐怒倐愛倐憂倐樂如樹葉隨風變動無刻得同故大容之人以一心御多事小容之人以多變御一心

有喪子者極憂忿得磨納慰之曰爾徧求諸國中有生平未嘗遭喪而哭者得三人以來我能令爾子復生其人以爲甚易得也徧求之竟無一人以復得磨納曰既爾何用過慟爲獨爾受此患也哉

罽賓國之俗。男子遇患。不衣婦人衣。不聽哭。以爲遭世難而悲憤。非男子事。惟女情耳

以惡言犯爾者。自先爲惡。而欲爾效之。故曰。爾受惡人之害。忍而恕之。勿兩爲惡。勿兩受害

或詈得磨斯答曰。凡爭者。以勝爲榮。惟今日負者。善且榮於勝者。我肯與爾鬪乎。故曰。人以惡言加爾。勿答爾勝勿復愈重復。又曰。凡惡言以忍當之。則激而歸乎其所發出

若苦辱非功德。忍苦辱實功德。故曰。勿論何所受。惟論何如受。受難不足驗聖賢。樂忍難乃足驗聖賢。忍必受

所忍者。蓋貌忍心怒。非忍德。乃怒翳也。力不能復讎。姑忍之。即不復有復之心矣。有復之罪矣。凡思我身多所願忍于人者。必不難忍人。爾尚未能自治已。如已願。安怪人不悉如爾願。爾不怒已。不能忍人。不與已鬭。不能與人合

受害辱者。口不言。色不厲。心不憂。不計。是正忍也。古賢有人以惡言慢之。答曰。任爾言我。已命乎勿言。心乎勿動。令人受辱。能不言。謂忍矣。然而藏於口。增於心。口寂而心喧。色愉而胸愠。手垂而中攘。此爲不忍。尤大。其害尤深。胸懷怒意。口發怒言。兩惡俱不可。與其默蓄而蘊無

寧口發而散
感人化人之德無如平心愉色忍受非義之言也非獨見者化并受害者亦速化矣昔有賢人與弟子偕行迷失道蹊人之田守者甚怒大詈曰爾輩不畏天何道之脩畏天當如是行邪師命弟子勿答自答之曰爾言是當令我輩正爲脩德人必不爾弟求恕罪耳野人爲若言所動悟向者乃不當怒詈之也跽而祈赦慕此忍德甚棄其田業而受學焉故曰抑辱慢我者莫如忍其慢經曰怒者生爭忍者滅已生之爭語曰凡物剛勝柔獨忍柔能勝怒剛

鯀瑣西國名譬也有人無故以惡言嫚之譬者不答走避之有天神謂曰是奚足哉必跽而求赦如眞得罪者乃正忍矣如神言其人深自慚悔轉求赦蓋以怒對怒彼以怒爲得語曰爾以惡言答惡言彼必以爲已勝同作此事彼先一籌故也以忍光照怒彼自見其怒之醜矣

夫苦難不論大小不論由人由物皆天主有意分予焉聖賢明於此理備甞難弗視由人由物不辨有故無故惟視難所從來之原即服而忍之夫爾受人之害獨視爲人所加或能辭曰我未甞得罪於此人則不堪忍若視上帝所加能或言我未甞得罪於上帝乎人人無不得

知以惡念惡言及非義之行屢犯天道是以值苦難默念所犯自責我曾犯某罪我曾行某非義之事正當受此苦故易忍矣聖厄勃郎畧曰人私念所爲惡不難忍所值嫚深思以多罪宜受重刑必不難忍微害矣或訾一賢者人告之答曰我尚有他大罪彼人未及知使知之何訾我止此乎多落陡賢人曰謙忍德保心安其道莫使於遇難自責以爲由己非出而不辭已以尤人故人所行善雖大且多不由自責必不能安靜而免於憂怒賢人有言諸德皆歸一家或問家曰自責又一賢受人嫚心忍小動自責曰我心動非彼之嫚大乃我之忍

小我忍堅。一言之。微易能動之

昔。白中西國上古聖人也。尊貴富厚。當世無比。忽中落七子皆妖。身後病癘。前相欽重者。謗爲罪人。受玆天刑。聖人恬然忍受。憂不見色。口無怨聲。心無慍意。恒曰。赤身出母腹。固當赤身歸矣。主予主取。悉如主意。惟念聖名贊頌而已。其妻誘之。令怨天而死。聖人責之曰。爾言大愚矣。福樂受之於主。患苦奚不忍哉。如是者十有四載。尤人怨天。未嘗萌心出口。原天主之意。加此患苦者。非以罪罰。欲標其忍德。爲世儀也。十有四載之後。除其患。倍歸其富貴安樂。而居德美名。施於萬方。流傳至今。故

曰先忍暫苦者後必享永樂也香者火爇之顯其馨烈
善者患苦之著其盛德
亞吾斯丁曰上帝或欲爾安或欲爾病爾安時偷樂病時憂愁是喜上帝有仁而不喜上帝有義且不願以爾心從上帝心但願上帝心從爾心爾心不邪乎
或遇難一賢者勸之堅忍勿憂答曰我有罪甘之無罪而受此不堪憂憤耳賢者曰盜以罪受戮聖賢者以無罪蒙難爾願誰之如乎經曰爾以罪負刑以惡受害有何功耶若實行善而樂忍害此正上帝之大恩爾之大功也又曰爾受難勿因盜因刼因考上因爲善則勿以爲

行是眞榮也故見人受難勿問所受難惟問所以受難

天主經眞福八端其第八曰爲義而被窘難者乃眞福爲其已得天上國也

瑣加德古名士也國王忌之甚命殺之將死或歎曰無罪而被殺正可悲瑣加德聞之曰我被殺不足乎尚願以罪殺我乎

多鳴盛德人也惡黨妬其德欲殺之遇諸途曰我輩欲殺爾爾將若之何答曰願勿速殺我惟漸磔手足肢體爲上帝久忍痛苦矣衆異其大忍弗敢殺他日又有是輩欲殺者答曰我功德微小恐不克承此大業也聖賢誠

德人値爲上帝爲義受苦失命，以爲天恩，微獨不避，且甚樂之。上帝有言曰：人窘迫爾，爲我大謗爾，爾宜悅樂，爾報豐大於天也。故聖尼勒臥畧曰：上帝加苦，而并賜能忍之德，斯恩甚於絕苦矣。

世人之心，悉在圖樂，忽値患，奚能不憂不怒哉？世患不虞而至，則傷深；豫視之，則傷微。夫患之至，能定，特至則未定耳。爾欲患時不濫於憂，莫若於患未至時思其將來，備忍以當之。勤練之卒，簡器習武，常在平時安居營壘，如正對敵，設志以待，故敵來而應之整暇，若偹游之矣。特游嬉於室隅，消膽力於不試，遇敵戰慄，能不[illegible][illegible]

爾忍不先習患至不及忍矣是故脩德君子急習忍德不因患覓忍常以忍備患日夙興恒念今日必有拂我害我人必値不如意事定心受之是患未至能自先忍患至如常

爾遇難時惟視有樂勝爾者故難忍若視有苦勝爾者易忍矣昔有賢人寓言曰獸中兎膽最小一日衆兎議曰我等作獸特苦人搏我犬狼噬我即鷹鷙亦得攫我無時可安與其生而多懼不如死死死而懼止矣向前有湖因相約往自溺水水旁有蛙見兎驚亂入水前兎見之止衆兎曰且勿死兮有怖過我者

或問曰世事觸人怒至易至多欲學忍將獨居岑寂特交聖賢可乎若與世人接難免焉答曰忍德求助于外曷能久惟內積能永久矣毒蛇猛獸寂不害物不謂毒猛乎靜處不怒非無怒情也無怒幾也不拔其根而摘其實根在有時而實即無怒人亦必怒物昔有道侶數百人其一甚易怒因屏居忍怒破一器自謂曰我易處未易心避人未避已已在怒在不如人間習忍以攻怒情遂歸故曰怒情以鬬能勝之以避不能勝之若與聖賢同居不怒茲豈我德蓋聖賢之德況無忍德獨交聖賢怒亦不免不如務拔怒根忍習於心雖處囂處俱安

人不肖人好爭人。好靜人俱合也。
色攝加訓令恐世患箴曰。受亂流云何曰。凡安靜之所。即
為本鄉。謂安靜者。不在其所。正在其人也。智則旅遊。愚
則亂流者。痛云何曰。痛小任之。微恐矣。痛大恐之。大榮
也。痛峻非痛峻。爾自泉矣。能薄力微云何曰。以此不能
害人。以此不敢慢人。不亦美乎。失則云何曰。財亦或有
時失爾。今失財。并失吝。幸矣。縱不失吝。去其妄行之質。
非幸歟。爾失財。爾財曾已失多人。今行彌輕。居彌靜。上
帝臧爾任安爾居。豈非吉哉。爾失財。彼他人所先失。以
為爾得乎。失目云何曰。已絕邪情欲之途也。目。諸情欲

之媒。諸怨訟之引也。尖子云何。曰。哭不能不死者之死。
不愚乎。不能不死者。已死。徵爲他主之物。子爾育養之。
今于爾乎取之。非奪之也。沉舟失物云何。曰。失爾物。不
免爾身耶。徒于登岈。已登岈矣。財洗爾。豈不能并洗邁。
盜竊物云何。曰。爾避之幸矣。失良友云何。曰。覓[illegible]之求。
之當於可得之所。酒殽之間。非其所也。必於實踐乎道德
之務。勞苦身心中。乃得之矣。失一良友。覓無一友者。恥
也。大濤之海。獨恃一碇乎。失賢妻云何。曰。求賢妻甚易
得矣。蒸父毋既失。不可復得。賢妻屢可再致之。福也。哭
失賢妻。而適得更賢者多矣。

或曰爾死爾日入時約必出矣必死還所受衆人之定領
也必死入世猶出旅遊久必須返焉彼久須暇者卒亦
不能脫之必死我非首又必非末也凡先我者皆先我
死後我者皆後我死旅死曰我所必還隨責主所求處
即償之矣死無棺塋棺塋之缺易忍矣我身無覺得棺
失棺無我預矣我身覺棺塋不皆爲大苦乎棺塋之計
豈緣顧死人正以顧生人也人死斯畏之故爲是掩離
之耳死態必狠曰死態雖狠所求惟命而已矣斯即無
他患老患所必穪何足畏歟所由致死之緣雖大我又
本微小一石觸我一山鎮我何異哉若隕盍隕於天乎

少年死曰尚可生之時至死美死也未願死之先至死毋矣不少年死安知不遭不虞之患即無他患老耄之患焉能免哉我曹皆幷逝死故今不論死與否惟論早晚數人命屬大辟或有以後見殺爲大福者誰不笑之我曹悉望稍遲死以爲巨幸何異此乎我儕日近于死等纍壽日減亦等我生愈長我命愈短誰欲恒懸而無寧一隕乎生與死爲隣最切近如居海舟所爭者寸木耳爾憶海舟之險謂生死海中獨爾隔謬矣生死相隣雖各處顯著不一各處切近無異焉身命爲物微眇遺身命爲德甚大遺之者海沸而安視之地裂側立而不

顧爾欲保德安居身命須譫視之勿論因疾病與他緣來索之欣然遽卽償焉。

閤弟吾諾西國名王也有兩人大誹謗之王伺聞之曰稍遠之恐王聞之謗者甚感其不怒而轉譽之

一賢人修德累年或問自覺何益答曰衆有備以恐世患又無賴人譏笑侮慢之曰積久事上帝修德安用之答曰令我受爾此等惡言大害而心不動不怒不足乎

亞加爵甚能忍人也死之日或悲其早世棺中忽有聲曰忍者不死夫忍者神靈永生於上天美名嘗彰於下世不可謂死

忍者大病所愈後恒哭曰天主不復念我如是一年天病如初以苦爲樂非知忍難之大益曷如此願望深切乎

有盛德者或以惡言加之笑曰此當以重價市焉今而徒得之幸矣哉

白鐸落西國盛德人也病失一目曰故有兩雙今去其一天主之恩也

窘難益德 三支

或問于余曰書云天道福善禍淫又云惟上帝無常作善降之百祥作不善降之百殃是以善者蒙福惡者[illegible]

謔理有固然柰何事有不然或遭不虞之災或冒非分之福顛倒孔多舛錯過半無乃增君子之疑起小人之倖天道不平厥歎久矣是誠何謂曰善者蒙福惡者蒙禍斯義正矣確矣柰何哉其不平也夫人之眞善眞惡誰能決判念想言行咸若天理此爲眞善微有不然豈眞善也求善非全不成若求不善一缺已足夫全善了無微缺之人世間有之乎今人視形天主視心烏知人所稱善非天主所稱惡者耶且爾謂此人甚能作善吾之非是余謂天主至明無贍至公無私甚能識善惡吾之必是也爾信人之隱善疑天主之顯義余信天主之

顯義。疑人之隱善。孰是乎。即是人果善矣。爾謂苦爲不幸。天主不宜加之。抑知天主用苦以加善人。乃大可幸乎。嗚呼世人神目常昏。如瞽焉。往觸一人。怒而詈曰。爾瞽耶。人非瞽也。已則瞽也。見苦加善人。疑天不明。天非不明。人則不明也。欲明禍福之理。當先明禍福之眞僞。眞禍未有及善人。眞福未有被凶人者也。何者。世間之事。不過三種。眞福一。眞禍一。非福非禍者一。生積德。則死永樂。眞福也。生作罪。則死永苦。眞禍也。夫人自不願爲善爲惡。而天主强之。于理無有。自有應受天樂之功德。而天主拒之。有應受地獄之罪過。而天主不加之。亦于理無有則曷可謂天主以眞禍加善人以眞福加惡人與若其餘貧富賤貴病安壽夭等斯本非禍非福也聖亞吾斯丁云富貴安樂天主予之善人徵非眞禍予之惡人徵非眞福其爲禍福特視所用用以建德當永樂乃福用以助惡當永罰乃禍也因富以敬天主周貧人則富爲福若因而縱欲害人則富爲禍也因貧以怨天主貪富人則貧爲禍若用以抑情增忍則貧爲福矣諸如此類可槩推也第兩者之損益人每不能自豫定之獨天主無量之鑑乃能定之行人遇岐路未歷其中未造其末特見其始安危夷險莫得定也世間苦樂兩

岐愚人特視苦樂之始不審其中與末妄謂樂者爲安夷苦者爲險危從彼避此急急如鶩智人不敢信始亦不妄測其中與末歸明於天主待天主之旨決焉故世人於天主宜如病人於良醫病人特願除病得安而已若所服藥味爲甘爲苦惟醫者所爲病人敢自取舍哉聖賢無不願得眞福亦無不求得眞福也然所以得之道或苦難賤辱或安樂榮貴弗敢自必聽命于天時或順意謂天主慰勸我之恩時或逆意謂天主儆戒我之恩故順逆無常修勵惟一種種世途悉以增德經曰愛天主者順逆萬端皆助其福不肖者不然順來不以爲

善遂求不以懲惡故順逆萬端皆歸於禍焉夫古今人德者莫不因輕世福之念成就其聖賢世人犯罪者亦莫不因重世福之念受欺惑於邪魔則世福者陷善之阱聖賢所懼引惡之梯邪魔所據人以為實德之報謬莫大矣使天主必以世福酬德行德者遂希世報與工人負直何異挾貪心以行德即存德虛形豈存德實性哉

善人受苦驗上帝之愛天主經曰我所愛者必譴責之又曰上帝所受為子必責之聖亞吾斯丁曰爾在上帝責外必在其愛外終不能為其子也下民有罪上帝不能

不刑。令宥。死後必不宥也。刑微且暫。則家刑耳。死後刑重且永。廼國刑焉。聖厄勒卧畧曰。上帝今怒。必欲永責。今責。必欲永恕。故今責微慈。今恕微怒。犧牛將殺。任其遊食。惟所欲。生者拘繫之。勞任之。

假令父有兩子。一愚。一慧。愚者聽其嬉遊。了無譴怒。慧者時時勤敏。則督責之。童兒之情。但見目前。無志日後。以爲厚于愚。薄于慧。不知父無望於愚者。其志則重有冀也。世人之情何異愚童。富貴榮華。謂天厚之。窮貧賤。人謂天薄之。不知今禍後福。不幷享。人主所欲豐報於天。不先平之於世。以苦鍊化其過滓。增其功德也。恒典曰於主

福無患難忿其非義而不見譴責者上帝所棄於天約永罰於地獄也如醫然病可爲則進苦口之藥多所禁忌其重不可救乃悉惟所願不禁焉

父以難事責於子君以危事託於臣孝子忠臣必不謂君父惡我害我蓋乃貴我重我以我爲孝子忠臣故也天主人之共主公父以艱難遺我而不遺彼以驗其愛我重我於彼也塞搦加曰不遭艱難者正爲能無幸人明徵上帝因我怠惰忽忘我可修德者知不戰不能勝戰不危勝不榮故願得所忍難以建孝子忠臣之功于天主焉

商人以此方最多物。最賤物。以于少處貴處。以取重直。此世之物。未有多且賤于苦難修辱。而天上一無所有。善人神貨之商人也。知天上忍苦難之價最重。故遇苦難。則忍之樂之。易異日之重直也。經曰。此時艱難。不當日後所顯于我輩福樂也

束之。雕刻之。無不攻治如讎焉。以成名器。人不經病苦。不嘗試諸艱難而成天上所用德器者。無有焉。故經曰。修仁者。必受世之窘迫也。不窘於世。其德不誠。且曰。欲升天堂者。必由煩受世苦。亞吾斯丁曰。上帝沽天國。其價艱難而已。又一賢曰。世

福遂意者。可畏也。恐其終不能爲天人故也。鷙鳥生時。人貴之。置於淨室。養以肉食。死則委之于壑。爲犬所食。雞生時置穢處。養以糠覈。死則置於几案。以爲美餚。惡人。世之鷙鳥也。生則豐樂榮貴。人人羨慕之。死則棄於巨壑。爲獄犬食。善人生或爲人所輕。恒居難苦。死則置於天几。上帝天神所珍重。福孰勝哉。故世之苦樂無常。樂訖苦繼之。苦終樂續之。一時之苦。令忘多年之樂。微獨令忘往樂。往樂之念。亦增令苦。一時之樂。亦令忘多年之苦。非徒令忘往苦。往苦之念。亦增令樂。故經曰。吉時勿忘凶。凶時勿忘吉。吉、

凶不憪。凶時念吉不隕。

人之事世者先行微樂後責　先得暫便後加永難。事天主者先受微勞後蒙大多先承暫苦後享永樂。爾願事誰乎。農人先以苦種後以樂收。工人先造作而後受直。兵先致死而後蒙戰勝之賞。商賈先以貲市物。而後享什一之利。萬事盡然。爾修德必先負德修之勞。與夫克己之苦。與夫不德者之忌。與夫鬼魔之誘感。與夫天主之德試。德旣大成。然後可享心淨之樂。望天之報焉。今人僅行微善。心若上帝負我安樂。負我富貴。不與則怨尤。望世報。自微心貪怨尤。目呈大傲。天主當降祥耶。[illegible]歟耶蹇驢邪行。見鞭知當正路。行正路行。見鞭知當速行。凡上帝所譴責者。欲使正路速行而已。今人之苦。永久不釋。惟得福者。卽謂德之報。應得難者。或曰無幸而偶值禍灾。或曰前世往因。今生果報。未嘗反思目前之罪。訖不悛改。艱難往往相繼。永久不息。何足異哉

或問聖厄勒日畧曰。上帝恒以苦難加善人。何也。答曰。以煉其過。消增其功德。因得豐報於天也。且使不溺於世樂。物久者。莫不撓動。則膠於盆而失色味。善人久安不以難撓動之。恐漸陷於世樂也。且令惡者自悟曰。今者爲上帝用慈赦罪之世受重[illegible]也。尚以微過得重譴

乃爾況死後爲用義判罪　負其惡以從嚴罰更何如

平

一賢出行遇一盜德人被綁了就死於野及郊遇一惡人

之喪甚盛稱疑曰彼賢而橫死無人收之此不肖而人

崇之非上帝明釋我此故我不前矣忽有天神曰此誠

惡曾有微善上帝以微榮酬之其靈神重受大苦於鬼

境彼誠賢曾有微過上帝以此橫死鍊之其靈頓霑大

樂於天域也但爾以後慎勿要上帝凡上帝所爲惟信

服之勿強測之言訖不　一

爾溺水有因急援傷爾毛　忌其微傷耶感其拯全耶

靈與人鬬。忽有殲爾。能勝不重德。其入乎。我靈
神與軀殼體竝親情焉　二十　神喜理。身喜欲。故神之所
願。身之所惡。身之所求。神之所避。恒為敵讐也。爾以道
德助神。身必負。而屈於理。乃所以效天神也。以甘食谷
容逸樂助身。神必負。而從于欲。乃所以效地獸矣。上帝
以病瘏諸苦難加爾。豈樂爾難。正以此殺身之強。減形
之力。使知服於神。從于理。為役勿為主。不至陷神於罪
惡。聖保祿曰。我衰時乃彊。是以誠德君子遭患即不能
樂之。強勉安忍。弗敢直。上帝去之。去與留。未知孰為
已益故也

物達西賢人也。身後顯聖跡。一瞽目者賢士因其功德求得見。輒見已。默自曰見與不見孰有益於我。復祈曰。若見無益於我。願以初瞽還我。輒瞽如初

厄午幾生時亦願見抹人聖跡。一瞽者求賜。聖答曰。爾即無形目不能見色。如狎犬尚有神目。能見道。如天神身目復見。神目必暫終害於爾。勿求之

或有疾。告若聞聖人。祈抹焉。答曰。爾止欲除有益於爾事耶。身垢以水浴。神穢以病磨。衣污以灰擱去。心罪以艱難除。又一人病。其師賢　慰之曰。爾為鐵。以病錯。則除鏽。爾為黃金。以病煉。何憂乎

厄勒卧畧曰。此世界恒[illegible]加人。此非自鳴令人勿愛我而何

世願悉遂。世人以爲天堂。不悟此正驗將來之天災。聖蕃薄削行次宿。一豪家主人自伐云。生平安樂。不値微患。聖人偕其從者輒去之。曰。此人一生安樂。宜速避之。恐與俱受大患也。去不百步。地忽裂。人與室俱陷。無遺跡矣。是以聖賢修德者。甚畏長久安無苦。恐目下之寛逸卒以重補故也

亞吾斯丁曰。金入火生光。草入火生煙。苦難一也。善人遇之而以感頌天主。愈潔[illegible]愚人。怨而忘[illegible]濁矣

世苦自無[illegible]悲惟我人[illegible]以天子之[illegible]忍則
爲損而徵天主之怒赦其。尤勤則累日目前之苦苟化
彌爲善則爲前罪之終不化爲善而尚爲惡則爲將來
永苦之始

七克卷之五

耶穌會士龐迪我譔述

武林鄭圃居士楊廷筠較梓

塞饕第五

饕如壑。受以節塞之。作塞饕。

饕者何。食飲無節之嗜也。多言。忿怒。譁譀。淫慾。惛貪。懈怠于善。諸情。皆其流耳。夫饕者。我身中最密邇之敵。脩士所當先攻先勝也。身中形敵不先勝。徒攻身外神敵。必不勝矣。討四境之寇。遺國中之叛臣。何益耶。然身中之情。莫劣于饕。莫易識易敗。……者。[illegible]能勝劣[illegible]……勝強

極歟。是以古今聖賢德　　出克己而　　其功
德。非受天報也。若稽克己之跡。無不以克己爲塋業耳。
夫上帝所自造之物。皆有定趣也。造人之靈。使能明實理
踐實善。因而事上帝。非受天國之永樂焉。造人之形軀
使爲神靈役輔之爲善矣。知形軀不食飲不生。故造多
味以養其生焉。人食飲以養身。俾有力以輔神於善。意
合上帝之意。食飲爲德。且必不過節。身王而德建矣。若
食飲以樂官情。上帝之意。即食飲爲非義。且必過節。身
強須以後厥欲矣。聖亞　云。爾食飲以節。特以養
身。縱口不　爲食飲。特　命也。若圖樂者。縱口鳴嚐

爾食飲亦褻之矣夫人人所趣向者美好而已美好有三一曰利美好一曰好一曰樂美好爾食飲以節利義樂三咸享也否則咸亡焉故食飲圖樂者微獨傷身損德所圖樂並消亡矣

利美好亡何也語云厚味百疾燈非膏不燃膏溢亦滅穀非水不成水溢亦朽火非薪不熾薪厭亦熄食飲以節身養與身安無保也否則無損焉醫方亦云前食未化又加飡焉必生疾矣色搦加曰人有酷視我者不如饕情之酷視服我者人有仇能盲之怒必熄矣饕必從之者盲之瞶之瘖之聾之之殺而殺之以微體塡刻

之樂遺全體終年之憂以　之耽其屢致數年乎藥
之苦故曰饕情如盜親來以殺我又曰兵刃所殛人寡
饕所殛人甚多矣能克饕者必能護斯微形之安延其
壽期耳夫壽者衆人與之饕者獨否乎豈然哉第善德
萬狀自相契合而私欲自相剌謬也故此欲所嗜彼欲
所忌饕之所期壽頼所避也一欲既發遂蔽心明詎惟
不使視正理亦特令視是欲所頼而不令視彼欲所憎
使視斯欲之益不使視彼欲之損是人欲之微益恒無
於大損矣故曰從欲者　其身命而又憎其身命勿論
消德即保身全形豈不　克己寡欲哉

義美好亡何也義思道行　靈神生邪思回行由形軀生爾情如敵怨相攻互鬭其一強其一弱矣益此必損彼益彼必損此豐養形軀者兼養其情欲形軀增強其邪情回行日繁日盛靈神替弱其善念義行日少日微矣經云厚視其僕者後必覺其忤逆耳此之謂也語曰饜腹不抱清念欲革邪念而厚養口腹者猶惡木繁盛而加溉壅也驢馬厚食之久習閑放後載之必逆而棄任踏之必棄主御之必不順轡銜矣若薄食肆勞之即重任不逆行止遲速惟主聲欬不俟鞭箠也我形軀之情與驢馬何異豐育之久亍逸樂必抗跸不復理命而

反自撫養爲主，役以勞事，淡泊滋味。其聽從道心之命必其易焉。故曰：形軀傻乎，靈神遂病；形軀居苦，靈神病愈矣。

聖法蘭濟入道時，求天主諭以精進之術。忽聞有聲云：法蘭濟，避世樂如真苦，抱世苦如真樂。聖人多年如命。既試其益，曰：天主賜我明悟此理，邪魔正寓於豐食逸樂之中。恣口腹之樂者，邪魔遂輕忽之，敢攻而幾勝焉。南海島有吞牛之蛇，百獸皆畏避之，無法可制。獨食牛既飽，絕不能動，乘此時一人能斷截之。脩士自辭世樂，而擇居苦處，就食飲，如就[illegible]取所須以保身安，救饑渴之病。邪感之大害已杜。魔之煽誘，必希懼不我勝，而彌攻彌固，其功德焉。古賢有言曰：口者，心門。邪魔以饕主口，一切邪情皆令入心。故饕者，邪魔所加於人口之銜也，隨欲隨牽之。

夫邪魔侵敗我心德，悉由我形。我形詎非我敵耶？我厚養之，實養我敵，而自已爲養我也，謬孰大乎？夫攻敵者，能困圍之，隔絶其食飲，乃能必其勝矣。形軀爲敵，既強欲勝其欲，而不減粗其食飲，殺其強梁，從古莫能克之。今人豈無願勝之者？第欲無係厚味，大存其逸樂，不舍饕而更求新，豈能就哉？夫減口肴味，豈獨益於神靈，亦大

益於肉身也神靈或因節建功蒙吉或因饕饕犯罪受殃肉身悉從之於行嘗不從之於報耶

夫樂亦苦種苦亦樂種令不以苦栽後安能以樂收今樂後又樂今世後世皆爲第一今世滿腹後世滿心萬萬不得也暫機以得永飽曠不謂益哉況我此肉身者稍若其情遂以爲例必且固握不肯捨置也先爲之暫寬後自以爲未規先爲能免之偶樂後爲不能免之切須先爲微娛後爲重任可不慎啟其端乎古有賢人甚薾於食飲遘疾其徒勸之稍洗腠病已復故荅曰爾今以爲暫恐此身後以爲常我勿絕之難復于汝矣君則

外殼愈而內心疾也何如勿開其端乎
耳樂之美好亡何也夫飲食之樂不生於豐腆生於饑渴
也今人或因病或因飽饑渴皆暫止此時得豐美味必
厭棄之矣彼饑渴者雖設粗淡味必甘嘗之恣饕者腹
恒飽飫焉能享饑渴所烹調美味之樂哉故曰恣樂者
不享樂乃事樂也廉士必竢饑渴後食飲苟弗得所
喜厚具必竢我不厭草具焉中士亦曰晚食當肉
色獨加曰廉士必不犯食飲之時必用膚當易化之物食
期既逮特就于食不就于樂惟饑引之食渴引之飲不
令旨酒嘉肴牽我就食飲詩焉備士於情欲不務從之

惟務止之微物以止之安然豈美物從之耶。達畧西國古大王也城破國燬奔脫渴甚于枕骸流血中得滾水飲之曰生平飲水無甘于此者此豈滾水甘哉渴甚甘之矣。

食飲非樂乃苦也。人以饑渴爲大苦食飲能除之謂樂既除饑渴若過飽即又覺食飲爲苦而實饑渴矣食與饑兩苦互相尋前苦之終後苦之始如出火入水。出水入火俱不可久俱不可恃惟天上全樂之域饑渴之疾既去食飲之須亦已。

六食飲之樂微體瞬息之樂也今人所特重味之甘旨嘆

舌之間。二寸而已。過是則已矣。寸體之樂。而窮土中水中空中之物。不足應之。片時之樂。而經歲累月。不足備之。不亦異乎。牛與象。雖大身。數畝之地。足生之。而天下之大。萬物之衆。不足養一人之微軀。何哉。真饑渴不難止。嗜饑渴難止。饑渴不侈奢。饕侈奢性所須。不勞力而易營。饕所嗜。甚勞力而難營矣。獸雖大身。其食飲特以養體。已饑渴。故易足也。饕者食飲以徇嗜。故雖大勞。必不能足焉。語曰。欲食而得飽。勿加飡。食惟減嗜

夫食飲之嗜。非饑渴也。饑渴者。身之實需之。食飲之嗜。饕之僞需之也。彼微食而足之。此愈食愈不足。譬之實渴。與中

消之渴。彼飲微水即息。此彌飲彌熾。故曰。徇饕競食者以食求滿而益虛。求飽而增饑。以無饑生饑。饑安所底止哉。經云。善者食而飽。惡者之腹不知足矣。故饕餮者未嘗能飽。縱得如意。又患不足如意也。得盡如意。又或患烹調不如意也。縱三者皆得如意。又患無腹能容納之如意矣。非乏之糧。即乏之囊。非腹大于食。即餧大于腹。非恨食飲不足腹。即恨腹不足食飲。故曰世人所稱樂者。稍踰節度。輒始爲苦。又曰。斯身所陳樂者。濁且暫。且貽悔且非甚無以用之。遽轉爲患焉。

古有良庖。諸國皆重之。至辣則必德國。國主令之速出境。若

曰我國人願其以勤勞致饑渴以饑渴幷庸常之味

夫藏粟之宮多鼠。恣饕之心多罪。恣饕必恣貪淫。古賢有言去饕而貪淫自已。饕之爲主。其後非大費莫能給之。從饕者數月之大勞所蓄。不足備饕主之一飡。能不流于貪竊以給之乎。食飲淡泊。淫慾發微。食飲豐厚。淫慾發猛。人減薄食飲。可以消形之邪氣。護形之強。猶當爲之。剋可以消心之貪淫。護其精靈哉。或告一賢曰。我淫慾猛發難制。賢曰。我必不爾。問故。曰。此身我養之甚薄。不令至他所思。食飲弗暇。及娛樂矣。

夫饕者亦謂之怠惰之母也。恣饕者未食之前。食飲之念最繫道德之處無由自入有益之業悉不暇爲食飲之後腹首俱重目冥神昏惟思寤寐道德顧沈滯不振有益之業盡無力爲之何者神瘞於果然之腹猶身陷泥中莫之或援矣

聖百爾納箴其徒曰爾就食時須念食飲之後尚須務道德誦念之神業也以此意豫度量食飲多寡乃可令得中不過節矣若食飲至前後度其多寡則目視色鼻聞香口嘗味皆令人深向之因而殃其胃愁受之欲持中不過則甚難也胃受過多內火不能化是以其養身者汚身厭身矣內火亦並受損焉譬之於燭內心與外膏

稱者。膏不淋溢，燭爲明朗。若膏過多，火能液之，不能消之，則光闇，膏溢燭污，而速滅焉。

饕又能貧人。經云：饕者，必致貧匱。聖厄勒卧畧曰：隨饕者，形軀及靈神之害甚衆。且無論他害，特令人空費上帝所賜身養家，遺子孫，周貧乏之，以贖己罪之財，而致貧乏之。亦甚可畏避焉。况斯身形，正爲無底之橐。且凡所盛貯，遽變爲朽污，以貴美物實之，何益哉？色搦加云：爾得飽腹養身之物足矣。凡腹所受，無論好醜，皆並朽壞之。何必豐美乎。

色搦加云：凡從口腹者，宜儔之鳥獸，不宜儔之人類矣。相彼鳥獸饑渴既止食飲與食飲之思慮俱止而安享飽飫之樂亦未有傷食而病者尚可謂有節也獨人明知傷食致疾陷危其身猶不知輟前嚥未畢遽圖後飧腹滿欲裂而意介若大饑何也饕情令人飽中饑渴固其所犯受罰正義耳

齋士不獨戒嘉味與多食尤戒用食飲圖樂矣若食飲不圖樂雖過節其爲過微且小矣若因以圖樂故過節所食雖啖陋其爲過尤大爲饕餮故欲無饕餮者勿視所食飲惟視以何意食飲與其食蔬飲水以應嗜無寧肯[illegible]肴以應性也鳥獸所食不若於人可謂齋於人乎

廉士食飲我爲口腹主故食旨不傷其節饕者食飲我爲口腹奴故食麤亦傷節矣食旨過節小有辭食麤過節尤呈饕乎

饕患過節酒最大酒譬之雨焉徐徐零故入土深能增土膏若猛而驟無益于澤土脈蕩盡矣節飲之酒能養和泄憂增力外形與內靈咸益焉過節者反是形與靈皆溺於酒濤顛倒迷瞀目無視耳無聽體無覺心無明百骸亂瞀形與靈皆束縛於酒困於桎梏盡失其所爲人矣故曰犯淫者生而猶死酒醉者猶死而已殮也死者無生善惡並止醉者善念悉去惡念愈生惡言惡行盡

亡而妄言亂行群出焉醒時所必不敢為醉則悉為之故曰酒醉者閉門於諸善而開門於諸惡經云孰爭乎孰傷乎孰隕於坑乎孰目瞽乎孰不虞之死乎不亦肆於爵務飲酒者乎又云離智者於道莫女與酒若也聖亞吾斯丁云酒過節則奪心鈍五官昏靈神熾淫慾滑舌朽血弱體銷精神減壽命又云酒柔魔也甘毒也飾罪也服之者非特犯罪全是罪也以為飲酒而宜貪歡於酒也故經云子勿自欺酒醉者無分於天國也奈何哉有人焉飲醉以解憂或勸酣以敬客乎戒之哉

令人設席豐盛以為優賓榮已賓則慢賓辱已也以豐厚

待客者。以滌根拔其瘢中矣。且意彼喜厚厭薄。故厚奉之。正以訕其侈奢無節。庶耳。豈不甚慢之乎。古有賢者或設席邀之。賢者曰。待我如以我爲德士。可也。夫我以豐厚待人爲敬人必也。望人以豐厚待我。爲敬我。豈非明顯已之不庶正自辱乎。瑣加得延衆賓。爲具甚薄。或詬之。答曰。人以是待我。我謂敬我。我以是待人。亦意人謂我敬已也。且彼客庶士。不謂不足矣。彼非庶者。我謂有餘矣。

醉者。人所自喜之魅狂也。利爵國之法。因醉犯罪。外戮倍於常。今大西諸國之法。因醉犯罪。自承醉者戮輕於常也

行僇雖異法意則同彼曰醉爲萬罪根柢人故飲致醉
是故欲犯罪罰宜倍重也此曰人靈而自承酒醉是自
承爲狂人等莫甚焉遂可當大僇耳故有志者或因醉
取罪寧受全刑不自承醉矣大西國之俗生平嘗一醉
者訟獄之人終不引爲證佐以爲不足信故也或詈人
以醉則爲至辱等若撻諸市焉

夫酒者俗謂之無能之物也海舟失能隨風進退莫能使
之正行避險也理心者人之能也理心以酒蔽蒙人遂
失其能矣故口舌容貌皆隨酒紊亂而動靜俱失其威
重浪笑戲言汚言詈言群出讒言尤多是且不獨食禽

獸之肉。又食人肉。不徒飲酒。又飲人血。易致大禍焉。凡令人漏泄中心之秘藏。莫酒若也。海風入水。波浪湧起。海底盡露。酒風入人。談言之波浪亦起。心底盡露矣。蔴則德中西古名國也。其俗張筵。客既集。則有監史戒之曰。此中之言。不出堂。有外傳者。目爲卑人也。故彼國有諺云。我憎有心記之客。知酒能亂人舌。令人慢人辱己。輸寫秘密。故酒間所聞言。不令得傳。以爲大戒焉。國事以密成。若機務漏洩。亦易致敗亂矣。故治國所最忌者。爰酒也。經云。治國者勿畀之酒。酒所主。無秘計。故耳。今大西諸國之俗。好酒者不得與聞國事。防不密也。諾瑣王有他國使臣來，先設盛饌，酒酣扣之。遂能盡探其心意及其國之秘計矣。

酒，淫薪也。恣酒不恣淫，鮮矣。經云：愼勿酒醉，淫在其中。故也。西國上古之俗，少年及女人皆有厲禁，勿飲酒。女人飲，猶犯奸也。今世女人或少飲，甚希，女而醉，古今未聞。然男子未三十，亦不得嘗一勺酒。蓋少年及酒，淫之兩翼耳。年少者內火方熾，淫慾怒發，猶且難防，飲水減之不足，矧加酒以益火乎？其慾念淫行可絕，貞德可冀哉？豈必少年，凡有志絕淫守貞者，皆視酒爲貞德之大非，因疾弱萬萬不獲已，必弗嘗之。

酒入適心。心者諸情欲之地也。心血以酒熾。諸情與俱熾。殆滅者復生。已生者增力。皆勃發焉。是以酒盛者。喜怒淫慾酷虐傲妬。諸情皆縱。理心爲酒烟蒙蔽。不能盡用其力以防之。罪益增。德益消矣。夫酒爲諸德之敵。諸惡之媒。而人不知以節用之。哀哉。

酒能傷心記。故健酒者健忘。又損神智。令人昏愚。經云。樂酒者不能成智。又云。智者不索與務逸樂人之地。諺亦曰。娛樂之城。智無寓何也。果然之腹。念慮不精微。故不能澄徹奧遠之理。撒辣滿西國宏智之王。曰。我思還心於智。故誓絕酒。酒人者。心恒昏昧。雖積大智。亦不能用

其智心意[illegible]弗智所令也酒所令也

海舶風波之險舶師尚能用智設方畧拯之遇刼掠能力敵之若多滲水載物過重雖風恬海靜師智船堅役衆藝精亦自以本任況淪終不能拯之恣饕之人腹果於酒肉善念規勸羞怍地獄之畏天堂之望與凡一切廸善董惡之道悉不能動其心而念慮願欲靈神與形軀皆沈於罪海莫或能拯焉

夫飲食無定度特取所須以益身力保康寧斯美矣定所須勿聽饑渴何也壯強者饑渴之嗜恒過所須試聽從饑渴之嗜而食食已必過飽胃氣亦不能盡化不聽饑

渴之嗜。食不至飽。食已必不饑。自知足矣。而胃氣愈發。乃知真饑渴所須有限。過此以往。皆饕嗜也。是以欲正饕者。宜漸次度量。詳審究察。本身所須。應多應寡。覺多則減。覺少則加。持中而止。求定所須。勿與食時。宜先自定。既定之後。萬勿為偽饑渴所欺。美味所牽。致令踰限可也。

聖意納爵箴其徒曰。爾能辭甘旨。習食飲疏惡。克饕愈易也。即食佳味。不能全消其味樂。能減耗之。亦可矣。問減耗之道。曰。就食必豫備食時所思道德之事。聖賢之德行。或使形與神各得其養。心有所思向道德之事。必不

復傾於食飲而甚縱其娛樂絕其流於饕之幾焉且量
定所當食飲必在不饑渴之際至饑渴時萬萬勿違之
古賢篤羅陡者有多少年從遊學道覺其食飲過度欲節
之初任令食後稍減之匝月問饑否曰初減時稍饑今
已習不覺矣次又減如初漸令歸節不自覺饑苦焉
聖末曾德亦箴其徒曰多味至前爾取嗜所不樂舍嗜所
向樂以克饕可也其徒曰物皆天主所造用以養人柰
何舍好取惡耶曰天主造多味如大王宴享設也多寡豐
約豈以賓客所當食飲爲度特以其至尊富所應備爲
度矣天主傳造嘉味以顯全能敷布其無量德[illegible]天[illegible]人

感其宏恩而愛事之。且令人取舍其中。以克饕餮節也。若無此飣多味者。人無從得饕餮。是天主自節之。昭顯人之能節乎。

夫人曰向物樂過當。得罪物主。令舍不犯義之物樂。以督責所取非義之娛。贖其罪。負感上帝赦宥之。不亦宜乎。聖亞吾斯丁云。絶酒肉及諸美味之意。非曰物有惡不可食者。惟以督謫本身。贖其罪說也。人自知犯罪愈多且大。愈宜斷娛樂。既違於大。曷不自責於微小。因饕餮背天主。離於道。固當因饑渴之微責。令復向天主。歸於道矣。

不獨責已遂之罪亦防未遂之罪。聖厄勒卧畧云不流於非義者獨能節用其義者是也。聖亞吾斯丁云辭謝嘉味恐厚育形質並育其邪情形腴情壯故難敵矣形質猶地地本沃饒復加溉雜其生物愈繁碩暢茂焉。地瘠少壅生物亦且節微羸弱也食薄形臞情欲雖發替弱易克耳食豐體充情發甚猛難敵矣

饕情忽發宜思世間貧匱者甚多冀得疏糲充腸則為大幸爾應饕一飡之費足救多人之饑爾一人饕不令多貧人饑乎上帝賜爾大財爾據以恣饕用上帝之恩以逆上帝背本負恩罪孰逆乎夫主生爾欲爾勤於為善

以事之爾念慮爾功業悉在供口年月時刻盡用樂腹爾奉腹如奉上帝腹爲爾上帝乎盡思凡聖賢德士今與天神同福者皆由減耗食飲之樂忍饑渴之苦僅乃致之爾終年務饕娛與聖賢異行能與同報歟奚啻不蒙天報亦緣微體之暫樂致全身之永殃不思甚哉。

論節德

人於萬類中上帝獨爲之大其身小其口者何非以微其宜節廉於食飲乎禽鳥逾薄食者翼逾長大能迅疾且高飛多食如鵞鶩者最肥恒地居翼不能舉其身也人心之翼者念慮願欲也食飲多身厚念慮願欲皆重濁

其勢下墜不能自舉向上矣食薄者身體爽氣清五官有力心靈明朗念慮精微能通竅與理能思天事願欲清潔不染下土之塵垢進善無滯閡而心自向於天主冀天上之常命識上帝及巳益明焉

食飲者我肉身所資以存生也故爲吾人所不得不償之稅焉償稅者既消所負肯多償乎夫食飲之須恆兼於樂故其食飲者爲應性須邪爲徇饕樂邪最難明之饕嗜屢竊假須之貌令人疑爲應性須之所德而實徇饕情之罪無已也故饕者正道中之盜未易避焉聖亞吾斯丁云饑渴性疾也用食飲之藥治之第身負饑渴之苦

行求屢飽之安。嘗樂遂中道迎合之。令以身之須攛飾饕嗜之樂。而今上帝所賜以扶性疾者。自用以傷性喪德。可不慎哉。

經云。殺味至前。節用之。慎勿過多。致視爾者之惛與懶也。同人食。後人始。先人終。節士於食飲際所宜視有四。一日時。節士之食有定候。非大故弗違之。經云。有國者其尊人巨室。食飲有定時。弗違之。其食飲不圖應饕樂。惟應性須止。有辛之國耳。一曰味。節士得可食飲之物。以爲足。弗選也。偶遇甘旨。不棄。惟恐節于饕。加意節用之。增于美。減于數矣。厄彼古西國無賴人也。一意求樂而恒蔬食或問故答曰膏粱甘脆我甚樂之第求備之勞勝食飲之娛姑置焉一曰幾何節士就食宜思並護兩客也肉身一靈神一各食其味芻豢蔬素養肉身之味也節德養靈神之味也食飲以節形飽於形味神飽於神味各得其養皆安靖受益焉食飲無節者肉身有有餘之患靈神有不足之患皆受損焉一曰狀貌節士食飲如口腹之主雖飢餒不使牽誘於食飲而喪儀失度無節之人食飲至前威容則紊朶頤延頸撲袂張箸看羞杯察欲并吞之身居一席其手與目旋行諸方號狀貌如將攻城而揣所從入也此皆著饕之跡[illegible]上所

當避焉。

夫節者，滅我淫火，拒彼邪魔，勝其熾惑，破其計謀，箴砭私欲，使服於理，抑形之濁娛，致心之清樂，抑傲揚謙，悔罪啟心之暗昧，策怠懈，滅寢寐，令人當于時保身之安，靖消身之邪氣，延壽期，感上帝之慈，蒙罪赦，釋罪罰，消諸惡，增諸德也。人情貪得，多以應口腹之嗜，口腹之嗜以節克之，淡薄自足，貪吝之根則斷，雖貪亦安矣。淫欲之火以饕為薪。饕既克，淫欲自滅也。故節謂之貞德之雄。絕饕者，貪吝淫諸情并息，心愈靜于安，念愈緬于穢欲，思道益明，精進益速，無沮閡焉。故節德謂之智母，諸德

如肴節德爲肴心之鹽能令際久不致敗餒生邪念穢
欲之蛆也又謂諸心與身疾之良藥也且無論脩道務
克己之士試察萬國人雖甚愚無知凡遇不虞之變或
畏天殃欲感格上帝求罪之赦旱禱雨雨禱晴戰禱勝
與夫一切禳禍致福興作大事皆卽減祖食飲持齋最
處故其間能濟大事者無不減損肴味以齋食自苦而
成就焉鳥獸昆蟲有無目者無耳鼻者獨口味體覺二
官雖甚微之蟲皆有之乃知二官最爲鄙陋焉他官與
物接能自遠迎向之二官獨否非物狎近不能向覺
之也稍遠焉缺則已矣故其樂最短最濁矣人深思節

德之善妙大益。比饕樂之汚醜短陋。非大愚焉。恐以此易彼哉

節德之行不一。或絕諸種美味。或食飲甚薄。不至飽。或獨食果核飲水。或獨食蔬菜。不下鹽鼓膏油。或絕酒肉。而齋素。皆節飲之枝也。此都爲形軀之苦。未審是德。審是德與否。若更視趣向之志。若節食以衛身保命者。縱不爲惡。特愛己之情耳。若以省財鈞名。屬傲貪矣。若以贖罪責。克邪情。助德修。此則上帝所愛。真節德也。真節德者。既戒食飲過多。又戒過少。既以節克多食之過。又以智克少食之不及。令就中也。食飲過多。則肉身必進。不

若於理過少。則肉身弱、不能輔神于行德、其害一也。是以齋素之食、與凡節德之行、非以傷生滅性、惟以去罪減欲、能減罪消欲、不及損身沮義行、智士之齋已。故曰、肉身須以味衛之、勿隕、亦須以齋抑之、勿抗也。齋素而兼善德、為德飾、齋食而兼罪惡。為罪驕。不去心之罪污、獨以齋食勞身、何益。即戒人所可食之味。不戒所不可為之惡、可冊德歟、聖百爾納云、口腹犯罪、獨齋可也。苟他體各造罪、盍目齋於邪視、耳齋於淫聽、舌齋於詆毀、手齋於妄作、心齋於欲罪乎。齋口不齋心、猶耕耨近田苗之地、而棄田苗矣。是故齋素者、以淨心奉之天主。天主喜而受之。若心𧦝者，猶供嘉果而盛之穢槃，爲敬耶，褻耶。身瘠于齋食，心滿于倨傲，口絕于醇醲，心醉于忿慾，豈上帝所喜所擇歟。齋食者，須兼之利濟爾節爾食，以食貧乏之節，惠具得，貪饕并除。

或問於余曰：稽古我先聖賢其齋也，止以滌除所難免之瑕穢，蠲潔其心，以虔事上帝。祭上帝也，佛教入我國之後，不然，皆勸食齋素，不茹葷。其志意，則戒殺生也。蓋曰：前後萬世之人，與諸畜生轉輪變化，前世爲鳥獸者，今世或爲人也。今世爲人者，後世未必不爲鳥獸也。因信此說，謂殺鳥獸者，其陰禍無殊殺人，故戒殺鳥獸無殊戒殺人。其說正邪。其志意善惡。貴國必有定論。幸以教我。

余曰。變化輪迴之說。有所自始。昔我大西之東境。厄斯祭亞國。亞德納城。有彼達卧辣氏者。始造爲之。因而流傳於世也。爾時亞德納城多有名士。皆能格物窮理。分北正邪者。大詫其說。曰爲狂誕。問之何以發此言。答曰。世人性往恣惡。不返久矣。我痛其惡。創此說以懲之。諸士謫之曰。上帝自有能勸善能懲惡之正道。世人尚背違之。而肆爲惡。爾以無憑之誕言。圖令創懲。不停其世懲不可懲。而返遺此邪說。流傳於世。以欺人亂正道。斯實上帝及萬民之罪人耳。今我大西諸國凡指一言一事懸空無憑者。皆目為彼達所辣夢語也。

夫不殺生不為德。亦非罪。殺生不為罪。亦非非德。仁德以愛上帝為主。次則愛人。廣此仁。俾及物。愛物亦真仁之徵印也。若特向物之愛。是為仁影。豈真仁哉。

夫鳥獸疑為人類轉生。愛不忍殺。斯因矜愛人故矜愛鳥獸也。則其矜愛人。必倍至矣。今不忍殺生者。皆然乎。甚不然也。憐恤鳥獸。酷虐人民。遇捕獲生物。捐貲贖之收養之。放釋之。至小民之困苦飢寒者。行乞者。曾不反顧。跡之甚遠。乞之甚悲。恬然漠然。莫捐半菽也。仰有施予。

豈緣愍其忠正以杜其煩擾耳一錢半字投擲於地令
俛拾之視人如犬耶或盡以詬辱豈施予哉小西洋者
一中華所稱佛地也余暫居數月熟稽其道言審其行跡
以愛愍鳥獸爲一大業建巨室崇墉邃宇廣儲錢穀以
養鳥獸走人于四外徧索諸鳥獸之老者病者舍之養
之病死瘞之病痊釋之至窮苦之民老者病者叫號者偃
仆地者何論存恤收視不以之介意也余異而問之視
鳥獸若此其重若何答曰恐其爲人類轉生故矜恤舍
養之余曰然因疑人類轉生故愛禽鳥甚尤愛此見生
未轉之人乎抑爲其鳥獸轉生也故不愛其人乎曰吾

不識其是否。第從上以來。用是傳之。我用是守之耳。黙無他答。懷慚而退。嗚呼。譎哉邪魔矣。迷惑人心。必假善迹。令人以德貌自安自足。不復求真德也。矜恤鳥獸。自以爲仁。而上帝所命。古今諸國聖人所訓。本性所具。仁愛哀矜同類人之真仁。既不能致行之。亦并不識之。不悟慈愛物不足爲德。不慈仁人足爲罪。不悟上帝不因殺鳥獸罰我。而因不愛人甚罰我。悲哉。非獨此也。凡信輪迴之處。貧人生子。或慮養育之難。嫁娶之費。輒殺之。曰。吾生爾貧。爾願爾死早。託生貴富家。正爾福也。痛哉。中士聖賢。言親親而仁民。我西國論殺至親之罪。甚於殺人之罪，奈何哉。以僞慈之貌，飾殘賊之心，借虛誣之言，掩故殺之辜。緣貪吝之情，忘父母之慈。孰大乎。則此諸被殺之小兒，非輪迴轉生之一言，爲之方斧方刀也哉。語悉愛人慈人，行顯憎人害人。此謂外襲羊皮，內懷狼心。正邪魔惡人類之酷計也。此則信輪迴因果之明效矣。

夫信輪迴轉生之說，既不足迪善革惡，亦反逆阻行善之途，平開恣惡之路，何者。欲爲惡者，恃此言，懲之不欲爲善者，恃此言勸之。彼將日爲惡無他殃，爲善無他俯乎。行獸者，方其爲禽獸也，自適其性已矣，安樂於我矣。夫安知前身之爲人。後身之爲禽獸。而以爲苦。亦順其性已矣。縱轉爲鳥獸。曷足畏哉。若是。行善益怠。行惡益無忌矣。世有懼變鳥獸。而置所願爲之惡。行所不願行之善者。余未見其人也。信輪迴者。肯內求諸心。實究圖之自足爲證。何至溺所聞以自欺乎。道德之士。遭世不虞之變。必反諸己。曰。上帝降我此苦。用以罰我罪。策我怠矣。猛省過愆。嚴督其勸勤於善。痛悔改圖之。或疑所循道非正。所行善非真。則虛心質之天主。望開牖其愚。徹之聖賢先覺。求引翼其行。是因世患。致真福也。信因果者不然。遇世之變。不反諸己。不省行事。不疑道術。惟日前因不善受今果報矣。即前顯明之罪惡。尚置不顧。不復改圖。而轉目視未經之冥世。未犯之虛罪。豈非邪魔陷人於萬罪之穽。而不令自覺之至計哉。因果之說可謂勸善懲惡者乎。

夫據因果之說。甚惡人當轉爲甚惡獸也。則習殘殺者。當爲獅虎屬。其次者。當爲馬牛屬矣。夫論性。彼鳥獸諸類。皆安于本性也。論情。即馬牛之屬。生平受束縛草食之苦。耕駕負任之勞。正於諸獸中爲最苦耳。獅與虎。人獸皆畏避之。生平閑放。略無愁苦。其安樂不十倍馬牛歟。夫據義。即最惡人。當受最重罰。據輪迴法。即最惡人。當最輕罰。豈上帝全智所建生死大道公義。正惟愚人所爲悖道非義之蠢計耳。

夫彼淪畜道者。自知先爲人類。今以罪故罰爲畜乎。如曰不知。必也以畜性自適。不自知罰矣。且不願變其本性易之人性也。不自知罰。其所以受此罰之心與罪。又安能痛悔悛改哉。罪不痛改。不去。罪不去。變畜之緣不滅變畜之刑。奚能自釋止哉。豈非淪畜道。竟無法可轉爲人乎。或曰。以受苦難償罪。罪贖刑已矣。余曰。我聞艱難之恐。足動上帝之心。能贖罪消刑。未聞艱難之作。足感上帝之心。贖罪消刑也。彼淪畜道者。不謂艱難。不識等惡。無意堅忍其艱難以贖罪。焉能蒙罪之赦釋刑僇而轉爲人類耶。

如曰自知昔嘗爲人。今以罪罰爲鳥獸。必也以爲大苦難。其靈神居鳥獸形中。不勝憂懣哀悲。苟冀一死。則能脫乃禽之形而轉生爲人。必不以見殺爲患。其覩見殺。猶破獄狂。見天月。企足引頸。猶恐遲遲也。又曷爲戒殺之乎。若云能覺憂樂。必亦能覺善惡。知建功犯罪也。假令最惡人。習于殘殺。既轉爲獅子虎狼。既知爲前生作虐。今生受罰矣。又復肆其毒害。搏攫援噬而增其罪。[illegible]後又變爲何物乎。虎狼爲知善惡之物。必亦知畏懼望世盡建之懲惡勸善之法，盡與之明師引之循善避惡乎？盡立之官司以定其褒貶賞罰乎？既不能然，任其爲惡，必不當復轉爲人，豈不令世人日少，禽獸日多哉？然而禽獸不靈于人，人不能知前生之事，則禽獸之不知而自適其性必矣。爲禽獸樂也，不殺更樂也，是畜道爲樂境也。

人所爲善惡，靈神爲主，形軀共之，其報應也，則靈神與形軀兼受義矣。世之富貴安樂，貧賤苦難，悉屬形物，故皆爲形軀之禍福，非靈神之禍福也。若以爲德與罪之報，彼爲善爲惡之形軀宜當之，今人形軀徂謝，即銷壞致日則腐朽。永年不復離于棺槨。則爾所言轉生他處者。固非彼爲善爲惡之形質。乃再造之形質耳。夫爲善建功之形質。腐朽于此。不爲善不建功之形質。蒙福於彼。此形質犯罪。彼形質受殃。人聞之。愀然不恐。豈上帝至公至平之義哉。

人行事。欲知真善與否。在其志趣也。爲善以尊上帝之命。行德爲德之美。則真善實德也。行德以與名與財。詎真德正屬僞貪矣。以世之富貴安樂定善德之報。則令行善作福者。因而冀望之。是其善德徒善德之貌。實貪傲之性也。善德之性。以惑志先喪。不免永殃。矧蒙吉祥之報哉。況世間諸罪惡之根柢有三。一好財。一好貴。一好安樂。人所爲大小罪惡悉此三根萌也。拔此三根。功德乃成。人爲善而以轉生於富貴安樂處。定其報。則用其所必絕以爲善者而報善也。是因爲善而拔之喪善敗德。陷於萬罪之穽也。詎上帝酬實德之報。正邪魔忌德喪德之上計耳。

信因果者。既無明理可據。則圖以事跡驗之。既不能徵之以理。則圖徵之以目。曰。某所某甲生而能言曰。我本某家子也。此非我正父母。乃託生父母耳。又有能憶能言前身事者。是類甚多。非輪迴縱跡乎。

余曰。明理所不足徵之事。徒目不足徵之。矧正理所謬事哉。上帝賜人目。特以別色。目利甚微。或因疾病。或因物遠離。或因隔氣物疎密。屢致大謬。以黑爲白。大爲小。直爲曲也。邪魔欲欺人。亦能變物色與物形。亦能昏迷人目。令視虛影爲實物。恃目別色。猶且謬誤多端。豈可恃以徵事之實理哉。據目棄明理。據明目疑目。孰非孰是乎。況所言輪廻顯跡者。此人言又據彼人言。彼人又聞之他人言。展轉相信。實無有明視一人之輪廻者也。此獨耳爲證。又何嘗以目證耶。

夫正道易明。雖愚夫自能悟之。輪廻之說。萬國之民未有能悟之者聖賢明道之士。又皆刺譏之。勸人勿妄信。持正道亦至公。上帝欲人人知之。是用隨時隨處見明驗著顯跡。今覈佛教未入諸國所紀開闢以來未見未聞有一人輪迴者。其閒天縱神聖。亦未有言輪迴者。佛氏獨自輪迴語曰。自訟自證。人必不信輪迴之說。佛氏之訟也。輪迴之證。佛氏之徒也。流誑甚易。曷足信哉。行非禮罪也。信非義豈不爲罪乎。輪迴之說。至暗至私。絕不合理。多瑕釁易攻。此真邪道之跡也。何足信正耶。信正之能免輕信邪語之譽與僇歟。

輪迴之說果有之。則自開闢以來。一靈神所經世界甚多。

所見事，所識人，與衆，竟無有一人能記一事，能識一人。而佛氏獨記其事，識其人，豈衆人皆善忘，佛之徒獨善記耶，抑佛氏獨智，而餘人皆愚乎。我明知己及衆人皆不記，不能明知彼一人獨記，何必疑己與衆皆善忘，而不疑彼一人語爲誑語乎。

夫天主定善惡之褒貶，固以罰已犯之惡，賞已建之功德，亦以董未犯之惡，廸未建之功德也。若輪廻之變，實天主所設，用以勸善懲惡，必也令人憶樂而望之，憶苦而長之，其善與惡，乃能勸懲矣。若令全不能記憶，善亦不足勸，惡亦不足懲，終何益於我耶。

者言前生爲某家之子。今生我者非真父母惟托生[illegible]

母更誕許也人有靈神有形軀。靈神者天主自無中造

有之與父母無預也惟有骨肉之身由此男此女得之。

故爲我父母也夫今生之肉身與於前生之肉身也前

生之肉身由彼男女得之故實爲我父母今生之肉身。

由此男女得之焉獨不實爲我父母歟若今身之父母

非真父母乃前生之父母前身之前又有前身前身之

父母亦不能爲我父母也縱有生而爲此言者正爲邪

魔誘人棄父子相愛敬之正道惑人心怪妖之誕也輪

迴之實徵哉。

或曰。輪廻爲虛誕。是已。敢問生死正理何如。余曰。靈神肉身。兩者締結成人也。一肉身既成就。天主從無中造有一靈神付與締結之。人之性始全焉。此肉身之前。未嘗有此靈神也。是以凡人之靈神初生時。絕無知識。後隨目所覩。耳所聽。日漸滋長其所曾知曾識焉。人既死後。雖甚惡者。其靈神萬世不能散滅。又不能轉生輪廻。乃隨死候所就。或善或惡。遂入其報應之境耳。既入此境。永不能復出。所受苦與樂。甚大無極。非世間苦樂所能比其萬一。且非人心所能思。世理所能論也。此則上帝所訓古今萬世。聖賢所信於已。所傳於世。不可易之正道矣。其他邪說、悉邪魔誘不肖之人、傳貽於世、以紛亂世人、使淪溺于罪也。其計甚秘、稍似實理、非天主牖明我心、難以盡識盡避焉。蓋乾坤有主宰人物之主、世間有善惡之人、必有賞善罰惡之定法定所。即所謂天堂地獄是也。邪魔俱人篤信此實理。必能去惡歸善。則令佛氏雜之誣語多端、俾人雖信有天堂地獄。不以為甚可畏、望而輕忽之。又作瑜珈邪法。謂捐少財物、即天堂可倖致、地獄可倖免焉、又令兼之輪迴畜生之說、俾人悟斯為虛誕、并天堂地獄之說、俱當無憑。特寓言勸誘而已。既不能信實有天堂地獄。則無所謂望於死後、去死後之畏與望。即世法之賞罰。必不能稱人之善惡。使人肆于惡。怠于善。豈不甘樂歟。

七克卷之五終

七克卷之六

西海耶穌會士龐廸我譔述
武林鄭圃居士楊廷筠較梓

坊淫第六

淫如水溢以貞坊之作坊淫

淫者何樂穢娛而不自禁之勢也心盲不度輕變無恆慾趨如崩縱巳情惡天主厭德義及身後之事皆從于淫之惡百爾納曰邪魔攻道念其車孔多淫車爲一豐食飲華衣裳閑而多寐念擾易熾四輪也事順物裕兩馬也怠惰苟安二僕也

淫欲，心火也。此火一發，善念、德願、義行，悉燬焉。其薪，酒食。其燄，倨傲。其煙，穢言。其燼，惡疾矣。火初發，雖微忽之，必至大烈，最難撲滅也。淫欲之初，魔陳汚象，我乃動念，念動不亟抑之，則動欲，欲動乃樂，既樂乃行，行久則習，習則自護，自護則罷羞，羞罷則肆護，護則伐，既伐則難捄矣。諫之則怒，聽道言則厭，覩善行則譏，猶腹實猶穢，遇嘉味，俱厭不欲嘗焉。經曰：好色者聽智言則厭擲之一背後，故以道義語淫人，猶以珍寶置豕前，必踐汚之。

淫欲始甘終苦，魔欲惑人，露其甘，匿其苦。爾欲勝魔，則深

忍其大苦始可辭目前所獻微甘色攝加目淫樂無可

重不稱人性之尊貴徒以賤體而致携多穢汚一息遺

終身之憂耳。一人多年堅坊淫感以保童身忽憶淫樂

謂必大美既試嘆息不已曰以瞬息之穢樂貽終身之

憂悔易童身不可補之至寶嗟乎

淫色者如狹口之井也入易出難初意可暫嘗而後已不

知未試發微易敵既試發猛難敵矣故自德墮淫者多。

自淫遷德者寡。如魚入笱焉其入甚順出乃甚逆禽入

樊一出焉豕蟄於穢泥聽庖豕之聲則駭然暫起蟄也

則忘而復蟄焉。蟄於淫者聞泣之汚且害天主之怒受

地獄之殃則醒然暫置小頃淫欲復發遂忘而復墜墮

古有賢人盛德顧化者甚衆獨一好色人累累勸誘不能化之或問曰惡人多可化此獨否何也答曰焉有腐物可以鈎致者哉

人犯他罪不必有儕侶犯淫者必有儕侶邪魔以此誘一得二故甚喜爲之他情欲特喪心德淫情既盡喪心德又喪身福毁名之高殺力之强變顔之美致躬之惡疾槁幼年之丰華速耄老之黄耇鈍心靈闇聰明所入於心念所發于言動無非穢褻勿論德行一切良業益學怠廢焉故曰喪身福也既喪身福又消家財諺曰腹虚

色寒。故肆於淫色者。必肆於食飲也。自喜人美。又願人以我爲美。必將麗服芬芳。喜妝鬪飾。用物必奓焉。故財者。熾淫之薪。諸如此類。遽數不終。財雖厚。不速罄哉。故曰。消家財也。既消家財。又損人威重。凡人一有淫念。必且目恣汚視。耳放汚聽。鼻縱汚臭。口肆汚言戲言。其笑輕狂。其四體恣觸穢娛。動靜悉戾于正焉。

妨人之智行。亦莫如淫情也。凡知者之行。必踐四級。而後成事焉。一謂明照。明照者。明所欲行之事。合義否也。淫情突如其來。撼心最急。遽爾而往。迷心最深。不使見實義矣。二謂量議。量議者。既明合義。因而斟酌就之。淫情著中不容更出他念急急赴之如隄崩水溢不遑徐議也蓋淫心自無節度安能以節度御之三謂決定決定者酌議以後審實應作淫心急趣汚樂既不見義安能決定于行義哉四謂命令命令者既定于義申命行事也淫情傾消心剛令柔從如女婦故悉奪其恒心也夫淫欲喪德坊智廢良業損身亂容匱財而人不知避哀哉淫念淫行苟非大穢極醜云何人人以爲耻乎聖百爾納勸一好內者曰向我前且弗敢行向天主及天神前曷敢行哉爾將行淫必求隱屏不令我知若知我伺爾必甚羞而舍之夫爾縱不見天主不見天神豈不明知天

主及天神能見爾乎。奚不免羞而舍之哉。古有淫女，一賢人答曰：必欲爾共向市中作之。女訝曰：市中衆見，不耻乎？賢者曰：爾慮市中衆見耻之乎，獨不慮冥中天主見罪罰之乎？不能忍耻，而能忍罪罰乎？女亦悔悟，棄淫守貞焉。

若盎，西國名賢也。天主賜之大能，能服邪魔。四達彼魔者，來祈拯援，邪魔無不聽之。一人為魔所惡，屢命之去，弗聽。俄有一少年來，魔見之，甚怖，怨哀而去。衆異之，問其為人及今來意。答曰：弟子無德，獨早歲發志，欲遁世隱居，絕心修道，事上帝。自知非謝形樂不能也，故矢絕情慾保完童身矣既而親命強醮焉初婚之夕勸化新婦與我同志并居十餘載相視如兄弟內不起汙念外不作汙行也近約分別各脩弟子乃求從初志棄世求教矣賢者嘆曰夫婦少年共居而心形俱淨勝居猛火聚而不焚也若此潔士當彼汙魔能無避乎

鳥獸無靈而情慾有節也雌雄牝牡交合以生子繁育種類故特用正色不論媸妍孳尾之時浹歲一過猶為貞潔矣獨人類者天主予之靈心付之理銜使御形欲合義則從之否則控之顧自倒置使形欲反御而為主靈心服從之嗟夫水本滅火火猛水微不惟不滅乃益其

熾水反為薪焉靈心自能以理坊淫第淫深篤之靈神之上焉則此心之聰明智慧悉合以籌策其穢行惡德也既不坊淫反欲智巧於淫焉如鷙鳥愈捷愈善搏矣嗚呼爾有尊貴美懿之靈神與天神類有賤微鄙陋之形軀與地獸類舍彼德義之清樂而取此觸罪之穢娛非天主賜爾能為天神而爾自甘為禽獸乎禽獸雖蠢疑有險必舍其粱餧虎見餌疑阱必棄餌矣饑鳥疑羅見粒不下人明見大險地獄永殃之阱不知舍其淫餌好色之人不愚於禽獸乎海國捕猴者鑿椰一孔裁容入手椰瓤甚甘猴特嗜之入手其中握取滿握握不可

出，終不釋手。乘是獲之好淫樂者，以滿握自爾，至死不悟不舍焉。斯亦握掬斷之類，而遺魔獲者乎。

人盡知德之美且益，弟以爲無樂，故畏之避之，亦盡知淫之醜且損，弟以爲特有樂，故甘之從之，不復知此正邪魔欺世陷人於萬罪之巧計矣。形軀者，人之卑分，其樂鳥獸樂也。靈心者，人之尊分，類天之神，形軀行污有樂，而靈心行德無樂乎。果爾，是明使人淪欲厭德，豈上帝至平之義哉。亞利斯曰：人心各向于吉樂，特形軀之樂易見亦易得，人遂向之，而妄謂樂不復知有靈心之樂矣。夫將味之甘苦，宜聽之身強者，豈宜聽之身病者，惟善人能爲世儀欲辨樂之大小眞僞亦宜聽善人定之淫者善人不以爲樂獨心病趣淫之人以爲樂何足憑哉饑渴形虛也德與智之神虛也身食飲而飽神心積德增智亦飽夫心向德智深於身向食飲德智爲物亦清且寔於形物也身飽於潵賤猶樂心飽於清美不樂乎無論他樂爲上帝絕淫樂之樂尤大於淫樂矣矧蹈仁義之樂與夫心淨身貞之樂與夫望天堂見上帝接天神及諸聖賢之樂與夫上帝日所賜虔修者不可言之大樂固非世所謂樂者可擬其萬一也故曰世間有樂獨淨心得之得嘗此樂者遂以世樂爲大苦悉厭棄

焉。色搦加嘗謂好色者曰。我勸爾絕色守貞。豈欲爾無
樂。正欲令爾微且汚之樂。易爾大且淨之樂也。正欲樂
生自爾。常永無涯。勿索於外。與物同盡。正欲食之於清
泉。勿食之於汙潦耳。況徇淫者必有罪。罪在憂懣必隨
之。故雖備得世間人所爭羨者。亦不能安享其樂焉。夫
德自有大樂。爾不覺焉。何也。形樂德樂。相反相滅也。爾
溺於形之穢樂。焉能知德之清樂乎。且世行初蹔甘。後
永苦。德行初蹔苦。後永甘。爾一嘗初行德之微苦。遂以
爲苦也。畏之避之。不猛於進。安能至其境。享其甚甘永
樂哉。古賢有言。爾欲得實樂。期緩隨在勞苦後。勿亟取

在勞苦前

身貞心貞貞乃爲德身貞心淫非貞德乃貞貌矣且淫騖矣經曰凡視婦女而願之其心巳犯奸矣絕色豈遽爲德乎絕色者志克巳滅形娛以感天主潔心脩道事天主還債前罪之責乃貞德大績也天主及天神重之邪魔畏之若絕色以期盡年保身者縱非罪亦非德也特自愛之情耳以此故絕色者即斬淫行豈斬淫心淫心在淫罪亦在若絕色釣名圖財則以一惡攻他惡舊惡不除而新惡加矣又有人焉心慕貞德而恒起淫念未能悉制旣不勝其繁興以爲貞德非巳所能守放役行

棄服於淫欲。此尤非也。夫初發之念。是不在我。雖聖賢難悉免之。又非我所能豫坊。不爲罪也。淫念動。我或樂想之。或欲從之。乃成爲罪焉。若不樂不從。而惡之敵之。豈惟不損貞德。其貞德彌堅。貞功彌大焉。古有人學道。志欲守貞。淫念繁生。其師賢者。問之曰。爾願我祈天主除此念否。對曰。否。勿祈去之。惟祈賜我坊勝之德力足矣。問故。答曰。德不受攻不成。將不欲鬪者。不欲建功受賞矣。

他情攻我如讐。淫情要我如友。他情以苦。淫情以甘。故于敵爲勁。其害難悟也。他情外來。淫情內出。我此身形。自

爲其媒其攻最繁夜眠不已誘惑于人極易極衆欲保
貞德者先須讐視本形若欲守貞而厚養身是畝犬而
投以肉也凡邪魔以傲妬貪諸情攻而不勝以淫攻鮮
不勝焉世人不染他惡者尚多有之不染於淫者幾乎
故淫爲邪魔巨網世人幾爲羅盡也

夫向色之心與我生俱我此本身天主所賜以育子孫傳
生人類天主所爲事必有節從節則善違則惡矣一夫
一婦正也外此萬狀悉皆邪淫若心樂想之身行之則
違正犯罪也上天之樂不得下獄之苦不免焉經云行
淫者無分於天主之國也不特爾也夫婦之欲亦有節

焉志為生子行不過當則正志為樂邪矣或曰我有正妻弗敢外淫一賢者謂曰爾家釀不可醉爾乎

淫罪多端男淫最大我西國凡罪皆名以其罪獨此罪者名為不可言之罪示此罪行者汚心言者亦汚口矣罪惡上帝悉惡之而惡此罪尤甚經云殺人淫男二罪恒呼天求罰也蓋乾男坤女是為生理一夫一婦是為人道淫女者滅人道罪矣淫男者反生理罪中之罪矣女淫以人學家男淫家所不為更下焉經記昔有瑣奪馬國地豐饒用力微而生產裕其人富厚優閑恣于男色上帝久竢之不悛屢戒之不聽故厭惡而紛罰之經曰

瑣奪馬人劇惡於上帝前天主亦曰瑣奪馬惡聲日大其罪特重吾欲降視之釋者曰此罪甚大聞者怪異難信故天主之言疑而未信欲降觀果否也此國之中有一賢士名曰落德天主遣神促令出境遂降大火草木室屋人畜鳥獸諸物頃刻煨燼從此至今三千餘載地不生寸草出石尚存火跡遇火輒燃惡臭不可聞海不生纖鱗名爲死海海風中人輒生諸疾我西方從此傳知男淫之罪上帝深惡重罰焉爾犯之而上帝未遂降殃詎寬爾罪正竢爾悟改之耳不悟不改積怒甚矣經云勿謂我已犯罪今患何在乎上帝雖甚忍必有時而

報目下之逆卒重補矣
淫念初發力微以善念亟坊之易勝也兩情相反人心不能兼懷之善念在淫念無自入矣有賢者曰我一覺此汚類欲扣我心門亟入心內闔戶倚牡待之援善念爲輔枝柱之彼來扣答曰室中有他客不弁容也久扣不闢去矣夫他情攻我迎敵之其力愈消易勝卻避之其力益大難勝淫情反是迎敵之難勝卻避之易勝何故淫念如火人心如薪相邇而不熾得乎敵來攻我者遍體不潔我力能勝之亦不與敵恐染其汚也淫欲者渾皆穢醜即之而不染者鮮矣豈可與近敵乎他情攻人

更諦思其惡，更起人憎；淫情攻人，更諦思之，更起人愛。故守貞者，淫念栽萌，亟以善念背之，弗敢徐思其惡，恐以增其烈焉。列陳將鬪，知我士卒有謀叛者，亟綏將倒戈，必不復鼓行矣。理淫敵也，淫來攻我，我心欲鬪，形軀將叛我，外向同力以扼我，我豈宜與鬪乎？

有賢者箴其徒曰：淫情攻爾，恃已德力，必難敵之；恃天主之能，祈求默佑，又加心功，乃能敵焉。則心功如何？曰：天主之佑，恒切求之；自心之功，淫念方萌，輒思曰：我心則天主所樂居之處，道德之宇也。我以淫欲汚之，天主心去之，道德盡亡，所向來行善之功績悉虛，我身堪以穢樂微賣影此至寶貴重物乎。不息則默想我神升於天堂。視彼光耀鑑潔。見天主。接天神。曁諸聖賢大榮甚樂自謂曰。我行淫天主曁諸神俱厭我惡我。不得入此享此。淫欲奪我此大福。豈不甚可惜哉。又不息則默以我心下於地獄。目視彼處猛火巨燄。耳聽彼受淫罪之悲哀忮憪問之曰。所以受此罪之樂。今何在。必曰。淫樂一息而亡。應淫罪之苦。永劫不消。自謂曰。我不辭此樂。不能免彼苦。深思此地獄之火甚易撲滅淫火也。古有賢者淫念勃發。恐力不能敵之。自謂其身曰。爾欲行淫樂先當自試能當地獄之火否也。以手置火中熨炙不堪痛楚。曰。既不堪微苦。豈宜行淫樂乎。淫念頓亡矣。又不息自視己身。次及于死。曰。死期有時至矣。今樂。死時必憂。將來之日。所必悔之事。今日豈可行哉。又神往故人之墓。思爾往日所識。頗享世樂者。今皆臭腐濁泥。復自謂曰。此人往日在世如我。我來日在墓如彼。身形及其美懿。逸樂萬狀。悉若是而已。何足重哉。又不息。身形不從理。則宜視如蹇驢。鞭策之。痛自刻責。減疏其食飲。增其勞苦。拂其願欲。用以抑強坊邪矣。意辣少時。淫念時起。自怒其身。曰。此驢也。欲不切踶齧。不養爾以菽麥。養爾藁草。加爾重任。使爾飢疲。思食思憩。勿令飽佚而思

騰擲矣。自此恆負重任。或怪之。問故。答曰。我勞勞我者

聖法蘭濟少時。自矢守貞。一日不堪淫念。搏為雪丸。裸體置之。謂其身曰。此大者爾妻也。小者爾子也。今而後。當勞勤育養之。蓋以雪之寒。滅淫之熾也。從是以後。淫念不生焉。或問之曰。夫子不慮傷生乎。曰。擇害取輕。以免大害

祓理斯西國賢也。一日天神以事顯象。與同行。道遇一死馬賢者掩鼻過之。神問故。曰。不勝其臭。神曰。我此不覺也。小前遇一人。鮮衣美飾。芬香郁然。神掩鼻速過之。賢者問故。神曰。淫人也。不勝其心臭

西有少年。風貌甚都。覺淫女之說已也。私念曰。我貌美矣。何誘人思淫犯罪。何自得去之乎。遂懇祈天主去之。頃之以病形一月。人不復顧之。甚自喜焉。夫姿貌之美。非不善也。又非我所自爲也。是天主之賜耳。賢者恐害已之貞。以及人甚長之惡之。矧增僞美以誘人視。啓人淫心哉

古有修士。一日見美女盛飾者。後其象貌恒著胸中。不能遣之。越數年。女死。遽往求見之。尸已臭腐。而未斂。以巾染其腐血藏之。每淫念動。即嗅其臭。自謂曰。爾昔所視美女。今者臭腐若此。淫念頓息矣。聖厄勒卧略曰。凡能

坊淫欲者。莫若深思所愛人死後何如矣

守城者。無急於守門。守貞者。無急于守耳目。耳目門輒闢。內德易泄。外惡易入。謹守之。內美無由自泄。外污無由自入焉。亂德之念。由輕視而入。累年之績。由一覽而墮者。可勝計哉。人情相樂。多緣于視。見彼怒。動我怒。見彼憂。動我憂。見彼淫貌。動我淫心。見彼尊。難安我卑。見彼富。難忍我貧。見彼安樂。恨我勞苦。類然。夫人所自有之邪情。猶不可當。矧又以視因增他人之邪情哉

古有賢屢覺輕視之害。曰。我目奪我神心。聖若白亦曰。我與我目自期矣。勿視童女。此言何謂。恐輕視之後。強嗜

所視焉又期辭視之樂免輕視之罪憂矣故所不當欲之但不當視不視之尚易視而不欲之尤難我不能自禁已目勿視既視安能禁念勿思心勿欲與

斤達者早歲修道矣志守貞目不視女人或識之曰子竟不視女人恐一視即流汚行乎荅曰否盡其在我不輕視自絕罪端天主必佑我免之不盡其在我而自納於險天主乃棄遺我自陷於罪不亦宜乎

德默者國王也有兩寵臣未既其心令傳語其后其一還王問曰爾視后何若對曰傾城傾國絕世獨立其一還王問如前對曰王命臣傳語弗命視也徒聞其言亦溢

惠矣。王大喜。厚賞任用之。謂先一臣曰。汝目不貞。汝心亦爾矣。遂遣之

一少年嘗淫于色。後悔之。欲絕其端。屏居精修。數年而歸有先所識女。遇之途。恠問曰。我昔年某。不顧我何也。答曰。我非昔年某矣。不顧也。而去之

賢者撒拔授徒甚衆。恒訓之。欲保心潔滅淫念。必勿輕視一日偕門下一少年同行。遇一美女。撒拔欲試之。遽曰此女若不聊者。國色矣。門人曰。女故不聊。曰爾未諦視耳。門人曰。我視最審。流盼特美焉。乃責之曰。爾未能禁目。安能保心。禁不使出戶者。兩眷使肆不輕視焉

夫視女人動淫念害貞德況狎昵之哉。鹽以水出沈水則消男以女生狎女則迷雨與土兩淨物合則成汚泥男女俱善相近則汚念穢行俱易發焉

聖亞吾斯丁不肯與其妹同居或怪問故答曰來訪我妹者非我妹也貞士非徒須斬淫行亦須斬淫疑

袨服者傲之旗淫之室也非先輕心德必不重爲身飾矣故外飾明徵內傲服美明徵心淫美衣者不止動我淫念亦動視我者之淫念不止令已犯罪又誘視我者犯罪人罪由我不悉我負乎故鮮衣盛飾者聖經謂之鬼魔

人鮮衣盛飾。而問道于瞻弟師。不應。問故。答曰。爾問無與爾事。何應爲。又一少年鮮衣問道。答曰。我尚未知爾男邪。女邪。何用答爾。天主責爾。爾自賤。天主賜爾爲男子。爾自飾爲女人

西王物斯罷則官一少年。入謁。被服鮮華。加薰香之飾。王大怪詫之。曰。曾不如葷臭。遽奪其官。曰。爾身甚飾。爾心必甚穢惡也。且柔弱如婦女。足當我任使邪

賢人多瑪見一女子。勞於修飾。曰。天主若不念爾勞而報爾以地獄。眞負爾矣。爾飾身以大勞。顧而得地獄。肯用其半以修心。乃可得天國矣

貞德

貞者何。絕淫慾之願也。其級有三。下則一夫一婦之貞也。夫婦特行正色而不過節。身心言行。皆絕於非分之邪欲是也。中則鰥寡之貞也。一配既歿。其一守節。不復嫁娶。向後身心言行。并無正欲。是也。上則童身之貞也。從生迄死。時時刻刻。心潔于色願。形潔於色行。是也。聖經列其功報曰。守一夫一婦之貞者。其報如種一而收三十。守鰥寡之貞者。其報如種一而收六十。守童身之貞者。其報如種一而收百。

貞德之美。已試者難言。未試者難悟。蜜味之甘。未嘗者[illegible]。豈知之然思婚媾之勞苦聊可測貞之安樂也。經云。婚姻非不善第婚姻者。必須膺肉身之大苦也。古賢有言。我儕愚矣我未婚時。竊意婚姻縱無他樂。形軀必有其樂既試之。乃更得形軀之多苦多慮。尚有何樂乎。人一娶遂拘攣。不能爲自身之主。而爲妻子之僕役。賢婦最難遇近之不遜遠之則怨。中國聖人亦言之矣。當其生子時。母必屢膺大痛子生母死。是失妻之憂。消得子之樂子既得。則添之子之憂。已而得子之勞始矣養之護之惟恐其遇病遇患。而復失之。于是乎有子之樂與有子之苦常參半焉若其偶死則數載劬勞愈增憂痛矣或子女既多患無資以衣食之嫁娶之或積得大財又患無子以遺之是此之願望爲彼之苦患也或得賢子患其蚤死或生不肖子又患久生隨婚娶之患豈可盡計哉婚娶者自目擊之身負之待我更僕數乎夫人爲上帝爲道德負勞苦勞苦之中參有大樂勞苦之後又望得大報故其苦輕焉若夫勞苦爲身世勞苦純全又無所望報不甚重邪守貞者所辭則身穢且微娛也所免則身之大苦心之大憂既辭此微且穢之樂又享心清之樂貞德之安且自得爲主貧亦一身耳易救有患一身耳易任而又有大報之望斯其爲福孰大歟故先賢貞

樂。而後娶嫁者。鮮矣。娶嫁而後憾其先失童貞者。甚多其人也。

凡蔽人之性靈。令厭眞德之嚴修。莫女色若也。人上有天神。人下有地獸。人有靈心如神。有形軀如獸。吾居其中。其所行動。順靈神。則類神。順形欲。則類獸矣。形欲之中。色慾尤穢賤。鳥獸微蟲俱有之。故人獨行慾。彌謝人性之尊靈。而彌近禽獸之蠢賤矣。以是心也。求明道德之理。求悟大事。如鴟鳥之目。以視日光。非獨邪淫。正色亦然。嘗如忿怒。不問合義與否。其淆人靜心。均也。色無論邪正。其昏人靈心。亦均也。是以婚姻正禮。特令人可行而免犯淫。然慾情之火。以正色之行不能抑遏。將彌益甚熾焉。雖行從暫伏。其再發尤猛矣。亞利斯多曰。向慾之心難息。彌徇之。彌益之。迨其既行。即情味理心使褫行善之力矣。故縱慾于正。自寖增力。而漸趨于邪也。此人人日所目見。何待論哉。守貞者正邪色俱絕。是斬慾根。慾心偶動。不即徇。決不用此發。重難熄。乃緣是益輕益易止焉。夫邪情之中。莫如慾情難勝。人既以貞勝之。求勝他情有餘矣。諸情之垢既滌。內心乃燦然粹朗。故道德之精微。天事之奧妙。俱能洞照。瑩然蠲潔。此中為一小天堂。天主是喜居之。聖經中真福八端。其一曰心淨者乃眞福爲其已得見天主也。

婚姻者心牽于多願析于多慮道德之事俱不暇計且厭之貞者心盡竣世樂世慮一心以修德事上帝故易造聖賢之域聖亞吾斯丁云貞德令人酧多歸一此一者則天主也其美善無極其福無涯我今盡心力愛事之善莫大矣後得見之所享福樂蔑以加焉。

聖盎薄削曰婚姻滿世界貞身滿天堂。生子者增人之數守貞者增聖賢之數其益於世果孰大乎婚姻人事貞德人上之事非天主之祐人力不能自造焉賢者撒辣滿云我自知貞德非天主賜我我自不能造之是故恒祈求瑪聖亞斯丁云。愛讐心謙。及童身。此三德者。獨我天主眞教中有之。外此。徧閱諸國所稱聖稱賢之書。決無此蹤跡也。况其人哉。天主未降生而論世人之前世上人特知有婚。不知有貞。得子爲天祥。無子爲天殃。天主降生于世。以童身之母而生。巳又守童身以完貞德之美。貞德始興于世。凡尊從天主聖教之地。守童身之男若女。遂多有之。其視貞德重於身命也。若遇守貞而當失命。寧失命。必守貞矣。若舍天主聖教而從他教之人。決無生平守心與身俱貞者也。勿論他微。卽此足證天主聖教之獨眞矣。

聖瑪爾丁與其徒同行野中。先過羣豕踐拍之土。次過畜牧羊牛之土。最後花草叢茂無物害土焉。聖人曰。豕拍者。比滛人。邪魔全奪之矣。畜牧者。比婚娶人。女婦消之矣。花草盛者。比童身人。所受於天主者。全存不傷。故全美焉。

聖經云。天堂無交婚。乃人既升天域之後。獨潔如天神也。夫他人升明天而後得之。貞者在幽世。而即已得之。居于肉室。而不染于肉慾。何異已出此世。而移居天域哉。居于汚世。負何慾之軀。視聽誘慾之事。恒當邪魔之慾惑。而心潔形清。與天神曷異耶。矧天神者。無形。其貞性貞也。不足為德。寓於明天。惟對天主。其貞無與為敵。譬故不足為功。夫貞人。必克本性。犯世俗。敵邪魔。貞德乃。成焉。斯之為功。不以大乎。但大功非大勞不成。貞為德最美。天帝。及天神。俱重之。邪魔俱畏之。然而難守。堪身貞豈足為貞德。心貞。耳目貞。言貌貞。衣貞。牀蓐貞。乃足為貞德。缺其一。餘俱險矣。非恒祈之天主。譬視本身。攻邪念。窒邪欲。絕女人。遠淫人。時操益業。不使優閒。必不能。又貞也。故貞德如玫瑰花。香味最美。而生棘中。欲享其味。勿避其刺。

貞雖難守。第人思天主所備酬貞之報。亦不難守矣。身命雖長。必有限際。保延壽命之願。令世人辭慾守貞。而天上壽無疆之願。不能令修士絕慾守貞哉。經中天主謂貞者曰。爾勿言我枯樹矣。我定爾寶座於我城中。賜爾名甚美於有子者。是天上國。貞尊於婚。貞者報大於婚者報矣。聖若盎天主曾令見天堂受福人有近天主者。其懿美光耀燦朗無比。聖人與之問爲何人。答曰。是者童身不受女汚。恒從天主。夫貞上懿美光耀。天堂之域。聖神之中。燁然顯著矣。矧於暗冥之世。非人之中哉。

貞德者既令靈神光照於天。亦能令形軀死後馨香不朽於地。我太西從天主聖教諸國所屢見焉。不獨死後數日。亦有數百千年不朽之童身耳。夫貞德不啻延身壽保身之强。且令死軀馨香不朽。令心恒保淨樂增功德。益天報。令人見愛於天主。親近於天神。尊敬於世人。爲報不亦重乎。而何得不以守貞之並易取之。

或云。人俱守貞不婚。類不滅乎。曰。勸人娶一。猶費說詞。何煩過慮耶。倘世人俱守貞。而人類將滅。天主必欲生之。必有以處之。且生人之類。有生必有滅。亦始終成毀之常也。若得以此終。以此毀。幸甚大願。徒恐未可幾耳。

貞人者。邪魔甚瞋恨之。此亦足徵貞德之至美且大功也。

西有名士。自幼守貞。邪魔深忌焉。四十年攻伐。弗克勝之。後乃稍變術。時有人入城。日暮。就路傍廢宅宿。深夜。有群魔入中。一巨魔據高坐。衆諸從魔功績賞罰之。或曰。我曾令某所人作亂相殺。或曰。我曾鼓烈風壞海舟。沈其人。或曰。曾誘人行盜竊刼掠。各陳所行惡狀。巨魔俱以爲懈怠。切責之。最後一魔曰。我曾以淫念誘某貞士。逮今四十餘年。不克。昨更竭思計誘惑之。乃得視家中一童女手捫其背也。巨魔踴躍大喜。獎其功。勸令盡力。事成有豐賞。宿者不勝怖懼。審邪魔散。厥明。往見所謂貞士某。具告之。貞士乃深悔。更加精進。遂辭家。弗敢與女人偕居焉。

則祭理亞。西國聖女也。少時矢志終保童身。旣而親命嫁焉。初婚之夕。謂其婿曰。我自幼誓存童身。天主賜我一天神嚴守之。爾欲壞我。必被戮矣。婿曰。我不見天神不爾信也。聖女曰。爾欲見當純誠奉敬天主。歸從聖敎滌除心慾。卽見矣。夫悉如其言。天主賜見焉與其懿美人仆天神之尊。天主遣命下世。以保護貞人。其重貞德甚矣。遂與婦共約終身守貞也。自後。天神恆以奇妙花冠冠之。終歲香不滅。色不槁。獨夫婦兩人能覩見之。他人莫聞見焉。

婚娶正議

或問余曰貴國婚禮如何曰敝鄉千國之俗皆以伉儷爲正上自國王下至小民一夫特配一婦莫或敢違婦没得更娶正妻不得娶妾也曰禁娶妾必有明據願聞其義曰凡直物自爲己之繩也猶尺度焉兩端與中叅相望則直否者曲矣若他物絜之直尺乃知其直曲焉天主自正直無曲萬物天主所造皆如其本性亦正直無曲焉夫不靈之物各存其性之本直天恒旋地恒靜火恒爇萬類盡然故恒保其精美獨我人否矣天主于我于萬物之上賜我理性付我本心之權衡令自能伏形

欲、循善避惡。事上帝建功德。以蒙美報。乃反據其本性靈明、用以縱欲而犯命。即上帝所賜直性不悉悖乎萬方萬古。一切賢聖教訓、帝王法令、無非側據其曲令歸本直也。即教訓法令。必也合天主生人之原規。乃善美否。則醜惡矣。夫天主經典、悉載剏造天地萬物之真說云。開闢之時、天主既造成萬物。乃造一男名亞當。一女名厄襪。爲人類宗祖。謂之曰爾夫婦二人一身。天主所配。人不分之。夫開闢時。人類之始。生育最急。何不以一夫配多婦令速生。乃天主特以一夫配一婦者、明徵伉儷爲正禮。此即天主生人之直道。其外萬狀。悉皆邪淫

卽人自生由矣故上帝甚惡之夫人生之初世界空虛天主且不使犯一夫一婦之正令人充滿世界而反以一夫配多婦爲不犯正不大謬惑乎

夫物生之性自向於精力不足生者稍劣矣人類男精於女故論生人之性男多於女縱不多必不少矣令使一男配二女必也三分生人之率而男一女二可也過二以上卽男生當愈少女生當愈多矣苟爲不然不將使世有曠夫而無女可配乎失一正配卽失多子女是害人類也且凡男各望有子又各有向色心人人不異不能得正配必滋奸淫滋奸淫必生爭訟鬭亂而犯刑僇

之令人忿奸淫生爭訟鬪亂而犯刑僇之道可謂正乎
或曰若每男各娶二女則然但今娶二女者不過數人
耳何足大亂哉曰我豈論娶者多寡弟論理之是否苟
一男娶多女果不犯于理衆人行之一人行之等耳苟
衆行而生亂明徵犯理矣犯理一人行之可乎
夫女性易忿易妒多疑多慾爾既娶妻又娶妾若愛之勝
於妻妒爭計謀不息矣縱不勝於妻而妻愛以分故減
愛減亦生妒即妾及妻之子及爾俱被妻憎焉是令妻
犯憎妒之罪令妾及其子俱受妒妻之害畜復讎之志
也妻恃尊妾恃寵兩不相下其亂不已兩婦爲讎兩婦

之子豈得相合。是一家犯罪罪悉由爾爾之負罪不已重乎。爾娶一妾而父子。夫婦兄弟。三大倫俱廢尙曲解爲不犯正道哉。

夫結夫婦固密於結友兩人結友體貌不敵。不成爲友矧夫婦哉故曰妻者齊也明敵體也欲妾則妾是婦非爾婦乃爾婢爾非其夫乃其主也不齊不敵亦已甚矣天主經中有言婦不爲自身之主夫爲其主夫亦不爲自身之主婦爲其主婦從非其夫則悖婚配之禮故犯奸罪夫從非其婦詎不亦悖婚配之禮而犯奸罪哉。

六天主令人結婚欲夫婦得相眷顧之益也其一疾其一

事之憂則慰之有子共養之教之夫積婦藏有子孫以遺之假使一夫而有多婦豈不惓顧分則必消婦各私聚以遺其子將必竊凡教孩幼太半由母衆婦之子教亦廢焉幼稚之心如新瓦器初盛之味或甘或苦一爲所入洗滌甚難爾子若女從幼至壯習耳習目更有何事父好惟色母爭惟色欲其貞心不亦難乎

凡牝不能自養子者必牡佐之皆以一配一而已試觀鳥生子一覆翼一求食更分其任焉惟牝自足養子者乃無定配耳夫人有子衣衆食饑備其用物教之義方疾則療之不肖督責之壯而家之室之皆父事也母不能

及此非獨子矣并妻之養亦待于夫是夫于子有父之責于妻有夫之責其配一之義視物類不尤切哉

夫女人嫉妬忿怒諸邪情其發最猛解之最難欲强其合理又難故曰與配悍婦寧配虎狼一女足亂一國矧多女一男哉古賢有言人一度海不足異再度異矣人一婚不足異再婚甚異矣故婦之險無異風波也加當賢人亦曰使女人可免則人之念慮動行可效天神矣故女人正爲難免之害一之謂甚而可再乎是以萬國聖賢明於道德爲世表儀者非存童身大約先與女絕其心清最其見愛於天主最深其見道行德如神其動人

化人照臨萬世之功乃成焉
或曰人有子娶二婦淫罪不免矣若正妻無子將恐滅祀不孝爲求後而再娶似未悖也曰否夫死婦不復嫁雖無子國主旌之國人誦之婦雖無子夫不復娶人亦稱爲義夫焉有人因慕貞德欲存童身以淸心修德事上帝將訾其不孝耶抑歎其能克己守貞耶歎其貞必矣夫眞德萬端皆自相結和不得相反因守貞德而犯不孝之罪必無之理也令人不守貞豈爲求孝正惟德力不足守貞故竊孝名以飾淫心假不孝罪以辭慾之罪況人即得子未必是福困不肖子而陷於禍且覆宗

者何可勝數故經云與其遺不肖子。無寧終而無子也爾子賢不肖爾既不能豫定而何望之若是急急乎。且子之有無不微爾之善惡亦非爾不能免之物也得子。猶得財得命世福而已以正道得之及善美而為我榮也以邪道強得之正為我辱焉語曰不可為小惡以成大善矧因得子之小益犯淫欲之大罪哉人無子豈必皆由婦。亦或由夫女人之性弱於男其望得子愈護之深于男。今因夫無子而婦欲嫁他夫必以為怪因婦無子而夫遂娶他婦。獨不以為怪乎。一身而兩首一首而兩身其為怪何殊之有哉。

古賢以是勸人存妻去妾其人曰理雖正妾我弗能免之賢者曰爾弗能免妾天堂亦能免爾

或曰此理實正第妻齊妾接我國古人多行之我踐其故轍亦可乎余曰中國所稱聖賢縱有多娶者亦非中國所聖賢所以為聖賢也置其所由稱聖賢之德業而特稱其多娶斯果慕聖賢之行耶抑飾爾恣欲之慾耶中土所聖賢而娶一婦者亦多其人盍視此之貞以益爾貞而獨視彼之多以增慾乎我西國上古聖人娶二妻者亦有二三輩緣爾時人少天主欲興其家蕃衍其子孫以廣傳聖教於世又知其德淸且堅甚必不因多而

滛故寬娶一之經使得娶二耳是古聖配多非經也權也其所以然之故亦至重不輕矣且非己私意乃奉天主命焉貞聖娶多妻皆以此今人無其德無其故無其命詎可行其權哉行之免得罪於上帝乎上古以後聖人更多皆尙貞德以是守己以是訓人其德比前人尤著人亦無不信從其訓焉至天主降生後四方萬國所出聖賢尤多其慕貞德尤深不獨守一夫一婦之正乃并不嫁娶終保童身故其清德茂勳不止於己又及於人不止一世一方乃暨及於萬世萬方焉

七克卷之七

西海耶穌會士龐廸我譔述
武林鄭圃居士楊廷筠較梓

策怠第七

怠如駑疲以勤策之作策怠

怠者何德行之厭憂也恣諸欲自誘不能善無恒毅須服閒遊多寐皆其支也淫慾饕餮盜竊妬嫉戲言浪笑惡謀訕誹諸情皆其流矣

凡物或無生無覺如日或有生無覺如草木或有生有覺而無靈如鳥獸或有靈而無德如凡民或有德如聖賢

皆足策我怠激我勤也曰無生無覺當開闢之初天主命之晝自東而西夜自西而東曰終古不違不息也今日盡日行明月復然聖亞吾斯丁謂修士曰日已與爾尚寢寐使日能言必曰昨者我勞疲於爾也今我作爾息耶不媿歟

有生無覺之物如草木草木者初生纖眇竟致鴻鉅或經寒暑摧折風而飄搖或采掇華實刺斲條幹迨至其時莖葉華實究然如昔且有加焉未嘗怠于本事矣觀其眇者孰信鴻鉅斯其榮藏孰信鮮茂然而不覺致然者積漸故也夫物固未有忽然底極者凡大事盡積上帝

不欲忽成之必繼之艱難事成彌艱人視之彌重守之彌謹矣亟成者弗良良者必弗亟成也獸逾大孕逾久成長逾遲致大者蔑弗小致安者蔑弗危怠者豈不願堅不續成大業第亦其欲且不欲之將不行而至不鬭而勝不溉而淨不造而成不求而得豈能就哉欲行德者必遇敵讎必遭磨難若爾勇者遇艱苦增膽力以勝之可也事惟初難稍習則易剖核之堅食仁之甘是以世間善事非中心優裕強毅者悉不能成之矧克己積德攻天國最難事哉凡害成事者莫心亟若也語以歲克一欲夙致心淨心亟者不能徐俟漸積尚未登始輒

欲見終亟造弗獲自誘不能因生怠棄事全廢矣。
意西鐸，西國名聖也，少年好學，而資性魯鈍，以為憂。俄視井幹堅石。綆跡甚深，自謂曰。石性甚堅，綆甚細，以積漸能深之，雨滴無力，答落鑿石。我性雖鈍，恃天主之祐，祛怠執勤，豈不能練精之，以此一念痛自激發，漸致成德大學，當世莫或勝之。
有覺無靈者，如蟻，經云，爾怠者，盍視蟻，盍思其消，法其智慧，無主無師無帥，夏時知斂藏，夏後之食，夫人尚長老師稚幼，以為辱，矧微蟲耶。聖經令師蟻者何，蟻行悉足愧怠者，為勤敏者儀也。夏時收藏，示不失營業之幾也先備與日之用示遠[illegible]之智也爲物微眇取義于譙愈譙愈智也棄浮蔑取精繫稱其淳潔粹精能剔質虛棄取之也群蟻相助示其實行仁愛非虛言也繼來不絕示其恒毅作業不息也囓轂之莘俾不萌生朽壞示能豫絕險幾訓人克己去私無滋蔓也陰時匿蟄示無益之時斂藏德美以避失墜也睛時曬曝示有益時顯明其善德用以觀化衆人合讚事上帝也身負道任示其慈愍不辭勞罷也共妝共用示其公共不貪不吝也蟻行若此全美矣其行之也無主帥可從無師保可習無刑戮可畏無賞賚可勸我儕有本性之靈可用

有上帝之默牖可據有先聖賢訓箴實行可聽從有地獄之永殃可畏有天堂之永報可望而頽然自廢坐失今世積德立功之幾不思將來之患不欲當目下暫時之微勞以免身後永世之苦不甚愚哉經云怠者爾寐何時止臥何時興暫卧暫寐而貧匱輒迄如郵置窮乏逮汝如嚴裝之士矣蓋言怠者若內若外德財俱乏今世後世窮匱速至有速如郵置不能避之且循強至如嚴裝介士不能敵之。

世之人勤敏於俗事亦甚足娩我之怠於天主事也世人勤名利圖安樂靡所弗至不惜勞苦不計歲月至其行

德致道事上帝。遏微勞。輟之。遏他務。奪之。非甚暇本欲
廢不能營他業之日不舍之。商賈梯航遍山海。蹈水火
走天際。逃貧趨富。求以護命。因而失命者甚衆。度海之
舟。九沈一浮。彼九者不足懼沮之。此一者頗足誘動之。
以大勞致微樂。以微樂又屢致永年之苦。殫竭既久得
聚財。忽死。遂不獲暫享之。我儕以微勞能致永年之樂
費一而得萬。力微功鉅。勞暫享永。尚懶營之。彼就死而
勤且樂。我就命而怠且厭。彼勤於損。我怠於益。不甚羞
歟。聖亞吾斯丁云。吾能激發一切修士之心志。令愛重
永存之命安。猶世人愛重暫且速過之命安。其幸矣。人

之大情。與其失命，寧失其所由存命者。與其富而速死，誰不擇為丐而且生。疇聞此時渡海可不死，而須暇之疇語之。欲不死，須營業造作，任勞歷苦，而不甘心為之。天主所命尊行，以得天國常命永安，其功力微且易，造而我惰從其命，猶不訶怠乎。

古今聖賢德士，事上帝，建功積德之勤，敏勞苦，敵邪惑之勇毅，甚足警我怠，勵我勤也。凡聖賢修德者，皆日敵邪魔之誘惑，煽惑，忍小人之忌妬謗誹讒譏，當疾病眚之患，克性欲不從己之勞苦，及天主之嘗試，輕世俗食飲淡陋，少眠多醒，少笑多哭，痛自刻責，俛視其身，謝世

娛樂輕身命重道德但泣悔所犯過羞媿所未行善故實修之士其勞苦無輟時經云凡欲以仁心事天主者必受苦難窘迫也

中西蠻爾西國有大臣甚富僕役千人國王寵異之但王甚信神佛此臣甚信天主不相入也王強之背天主禮敬神佛不從曰臣今日不忠天主明日安能忠大王乎王大怒籍其財褫其爵置於園室使守鹿亂奪其妻嫁廝養卒竟不為動為天主安然忍受之越數年國王偶過憐之還其舊職榮祿倍昔也王曰我昔過之今謝必善我命矣又強之如初臣輒解其寶衣擲之王前曰為

此衣也，以棄天主臣，必不能臣。還王衣，王還臣鹿驢矣。

王益怒，復廢之。

上古有大王納部郭者，實有傲德，於京都中范黃金爲己象，定期日，令都下士民聚於象所之地，樂作，皆伏抑投地稽顙，一如彼國事天之禮，此意欲以天主自待。恐國人不盡從也，於旁作大窯，熾火其中，有不如命者，遽投之。國人莫敢不從，獨達尼亞、納亞、納雜三少年，盛德之士，弗聽也。王召問故，答曰：我皆事天地人物之主，衆所宜最尊者，惟上帝而已。大王爲此，正僭其尊位，罪大矣。臣不敢從王之亂命，王何怪焉。王大怒曰：我命投於火窯，誰

復衛救邪答曰侍天上欲[illegible]救縱不我救亦有諸

王于侍天主之命矣王遽命拔之並入大火中行三日

如身體衣服悉無燬焉王甚異之自承其罪遂與其黨

設歸依天主上帝虔誠敬事且命自今以後爲國臣民

皆歸依奉敬之聖賢敵難之勇修吾之勵忠於天主道

力堅固若此矣與今衛修道德士者遇微窘難小阻險

遂廢然而怠於道德違上帝是淵哉

生人全寶無貴于時凡物皆不可爲我物獨時實爲我物

也忽能奪我時豈細故哉經云我子爾時勿付之

酷佞謂空費其時者用之非義無益心德之事皆以其

時付于人仇之邪魔也夫時爲重寶者何故物少爲貴一時已過不可返未來不可求惟得目下此微息耳不甚少乎況物無有疾過迅行如時者既過百年一刻等焉將來之時在前人視之最長既過而在後必視之甚短矣且雖百歲之壽以死後無限年視之尚未足一息況爲長哉物價貴賤宜憑識此物者若聖賢德士皆視時爲至寶矣色搦加曰知時時近死而以一日之時爲可論價者豈智哉昔賢毋聽定時鍾聲即反諸已曰天主定我生期今復過一時矣以此念自策其怠激於善行也且勿論聖賢德士惟論地獄中受難人使可望赦得往

世時所妄費片晌，以悔改其惡，求赦之，以免後所[illegible]
苦。雖盡易諸世間珍寶，盡受世間諸苦難，必以為[illegible]
大樂矣。今人所賤，莫過于時，不計時以營事，惟求事以
消時。惟不悟罪惡須改，善德須行，天堂有大報，地獄有
永殃耳。哀哉。色攝加云，縱年歲甚長，非甚當用之，必不
足營所當營之業，矧後費之以營悖德之事，無益之學
哉。故嗇財，小人之罪；嗇時，君子之德也。
古賢日記云：一日默思死後之事，忽聞人聲最悲。問之為
誰，答曰：地獄中受苦之靈神也。所負苦難甚衆，獨妄費
生身之時，至為痛恨。此念苦我最甚矣。天主賜我時以

行善改惡建功可並聖賢天神于天堂可免此太苦於
地獄我悉空費浪用之今欲得片時萬萬不可得焉嗚
呼彼與望而不能得之我輩得之弗知重之妄用之盡
畏異日欲用而不能得乎得重寶棄置如礫既盡矣乃
識之不亦晚乎經云凡爾手所能爲卽爲之爾所奔赴
塋域無功無智無計也
夫時悉天主惠爾終身黽勉事之尚不足酧矧卽用之以
行非義悖主命哉聖百爾納曰時刻愼勿輕費之虛言
虛行時甚不還上帝所賜以行善建功虛費之天主必
嚴鞫致罰焉職業盡心力爲之猶不足矧怠於今日之

業須暇之并他日之職業並罔之反足乎人之命時刻而已矣失時者失命也生也者逝死之道年歲愈長道愈短盡用之事上帝行實德學正道則以今世之命續身後之命命永永不既矣怠於善者身後之命不能享今又安用其時故天主奪之如栽樹者久待不實必曰此久妨地矣不摧之爲薪乎是以怠人者今世與後世之命并失焉

夫成就萬事者恒毅心而已怠能奪之故事敗功滅前業悉廢矣游舟經歷險遠及岸而沈向者之勞全歸無益也人之功德善始未善也善終善也終身之榮不勝一

卒日之辱，一卒日之辱，足勝終身之榮；終年之惡，足消于一末日之善；終年之善，足喪于一末日之惡。一生之業孰爲急？非終日之業乎？事不竟，微獨隳德棄功耳，辱乃滋甚焉。爾搆室，工半而止，不令人譏曰：此夫能始之不竟之乎？經云：凡柔折於業者，與自毀其業者，兄弟也。何也？柔者業未訖，先止，以與自毀業爲異哉？怠者行而不厓，種而不獲，戰而不勝，食而不飽，勞而無成。邪魔誘人於他惡，必或陳列寶甘以爲餌，乃能鉤致之；怠者否，無繩而拘之，無鑰而局之，途平無阻，視皆荆棘矣，則以虛怖之影自局焉。無警而徒畏，莫逐而空走，故屢被克於無有之敵也。

八怠者之心甚分，故其願慮事業，不能恒久如一也。覺御心有微勞則遺之，隨欲肆游，無傾焉。譬如海舶，舶師察而失舵，隨風行動，無刻可同。怠者之心，業欲和于一，猶膠破瓦器，不得堅固，隨復散焉。爾欲為勤德士，先須遠惡就善，次縱事不惡，須離小就大，次縱事善，須離多務一。一者何？天主也。色搦加云：凡如意不如意事，皆以不平心遇之，則輕心之旗耶。終日一額，生平一面者，正智也。特務一而止者，甚美矣。非大智曷能之？我儕無不怠，故多變。昨日所識人，今日尚誰何之。爾日如一者鮮矣。

爾修道欲試實行所得視爾今已與否視今日之念與昨日之念異同與否若不移倏積倏毀者倏改方爲圓改圓爲方者明微怠惰不固於善也譬方云始服有效進用之必瘳日誓新善不如守已誓之善毅然進于所始之善天主之恵也日易方正邪魔之計奪心之恒毅及德行之益耳君子慎擇擇而得務持固恒守之勤修之士豈惟定心於一業亦宜定身於一所也身不定於一所心難定於一念一願矣怠者不能奮然竟已以致心安而易處求心安正猶身疾者易處而求愈極益疾耳爾求安在易心豈在易所諸所自携易所終在何

哉今此所累爾者何令爾舍彼所易此所者是也非
謝心所居而安焉豈能致爾樂飛行方以消心任而心
任以搖易更重也譬冊中物定在者爲累微傾倚無常
者展轉積聚使垂流焉爾所由易所者病故耳以數易
所頤增病能除心之病隨所皆安樂矣本數移不茂分
石自安誠德自靜定身於一所正實德謐心之印證矣
是以欲知此人安樂與否勿問其所何如惟問其人何如
既定身所又宜謐肆獨居色稍加曰爾問何當永避余曰
衆也吾質知我性最薄弱出時所獲旋時未或全存也
先所已靜有所復淆先所已克有所復旋爾淫酣傲諸

情皆尤深。惟居於衆人中故耳。鮮德。不固於道心。須別異之於流衆。奕人之情。苟衆所在。則超越而從之。視人之淫妄。各皆大有所害。柔靡好燕樂之友。漸消我勇毅。富隣煽我貪縱。令心浄。交一惡友。必染其惡。況衆所衝遂之心。又何如乎。爾非效法之。必憎怒之。兩者須并避焉。勿因其衆而效之。亦勿因其異爾而憎怒之也。走通衢者。必觸多人。或俾隕越。或尼其行。或玷汚我衣。交于衆者。疑碍必多。或招尤。或虛我所望。或阻所之。或遲所得。畢竟非如意也。

一治其[illegible]其食。徇其閙者。居其貧。又曰。怠者出乎

而齕其肉，曰，與心苦而兩握盈，不如一噉而靖安也。怠
者不欲以微勞求得所須，自贍，而以饑渴消其肉。猶自
食其肉耳，國有敵寇來攻，人寧恒鬭，不甘屈服，怠者無
勇以敵邪魔之惑，遇欲為苦，而以曲從邪魔之誘，感屈
于諸欲，為靖安，豈非諸罪惡之奴哉。
夫閑暇怠惰之容侶，諸惡之母也，邪魔邪感，織欲之鵠也。
鳥生以飛，人生以勞，造物之主，鳥傅之兩翼，人傅之兩
手。一也，鳥飛，弋人何慕焉，棲，乃援弓射之矣。水沸，蠅去
之，溫且寒，則就之。流水生嘉魚，潦水生鼃黽，室曠易朽
鐏究於美液，惡者莫能入之，萬物盡然，人營業時，邪念

無所自入故邪魔去之暇時乃就而煽惑焉傷其心命虚其功德亡其天報矣聖協落尼曰使邪魔來時恒遇爾營業古賢有言務業者特有忌勞一邪感而已閑居者邪感百種并來攻之瑣奪馬中西國上古名城也天主嘗降火悉燼其人物聖經解所致此大殃之緣一爲飽飫一爲閑暇被阿小國王也遇數人閑居招之曰爾儕無穀以種乎無牛以耕乎我予汝勿肆閑也或問故答曰以遏其邪心何者居多暇恐有惡謀亂畧也語曰人無所造則學造惡故閑人惡人一也棘則德風法凡惡事根究無主名游閑者嘗之一以令人勿閑一以示

習閑暇者諸邪皆可疑焉。

怠者好閑又不耐閑故以閑爲樂復以閑爲憂既樂且憂遂蕩於萬欲經云怠者手不欲作業故終日戀欲目欲視虛事口饕食飲舌好多言耳貪讒誹體戀淫慾矣六閑者必致匱乏恣欲必須厚費詎能不流於貪婪竊盜哉又必恣寢寐其寐非作業致疲乃閑厭飽飫自廢耳故非勸者所甜之席乃死者所藏之棺也經云營業無論食多寡其寐必甘富者之飽不使寐矣夫耳目口鼻皆節於聽視食齅卽寢寐亦節其中念象亦清潔矣怠者之耳目諸官皆恣於行其寐中之念慮形象能無穢

汚乎。

或曰。我事甚繁。無時刻暇。而邪念穢欲。不獲衰止。何故。曰。世之煩勞。天主以爲甚閒。明目人不見實理。謂之瞽。世之智慧。天主以爲愚。煩勞於世事之人。天主以爲至閒也。譬諸兒童以竹爲馬。泥爲室。跨馬造室。自視甚勞。不獲閒。人視之不甚閒乎。凡造作事業。非向于天主。及顯天主之榮名。及身後之永命。非益己德。乃益他人之德。雖世俗以爲大事急事。眞智人視之。亦皆兒童跨竹之類耳。矧天主及天神乎。

人攖術所須處者三。其一。善也。善業雖多。但以克人欲修正道事天主務豫備身後末年之事至為急也其一有益也務閑事以除閑不甚可笑乎能消此日之憂致比日之樂未遽為益業也業既畢必遺益於心德增我實學乃足為敵閑之益業耳其二不奪心也內業者本業德士瑩精圖之其于外事借心不寄心即務外行無傷內心恒懷向天主向道德之真慮耳雖息於外務不已於善慮謂之靜謐弗謂閑暇也此則息於外務之為至務矣聖亞吾斯丁云獨暇者能識上帝非懈怠之暇也靜謐之暇也智者知心力愈析愈微愈無專故恒圖減外業以增內業聖百爾納曰我獨居時乃最不獨何也

獨居則寂於外務。盖慮道願益密益純。我心恒偕天主。
詎獨乎。
大邪感猝至。扣我心門。此時敵之甚。其生甚易。更增功德。次
則稍向樂之。未縱也。此時未成大罪。不免爲過失矣。次
則喜而從之。乃成大罪焉。勤者甚急於守心。邪感至門
輙閉不待。輙力敵之。邪欲如熛。偶爾一發。輙撲滅之。不
及于熾。故我此心。反爭於邪慮邪欲也。怠者不守心門。
心門恒闢。邪感一至輙入。覺其險。乃始敵之。甚遲矣。勞
苦既倍。勝負莫必。如敵至門。輙閉拒之。防守則易矣。既
入門圖。欲驅之。其不尤難乎。巨石在巔。安置甚易。既始

崩隕後欲止之不尤難焉是故怠者之心大罪難免縱
或不犯邪念穢欲將必甚稠過失甚多矣

夫怠者之害遲遲遷善其一也經云勿遲遲歸依天主勿
須暇娭其怒輙至行罰日壞爾矣人壽之期悉由天主
非人可為怠者須暇為善姑諉於異時似彼年壽天主
悉託令典司之聖百爾納云愚人未來之時天主既不
令爾自主之何故豫妄分排如屬爾物乎所賜時妄用
之以得罪於時主而尚望其長爾望不甚虛耶益尤異
其速絕乎經記有人甚富一日自謂其靈神云我靈神
業聚得大財足多年之用今靜矣食矣樂矣或聞有聲

曰愚人哉今夕取爾命爾所備誰得之故經曰爾不知爾主來時爾恒便候之不宜乎色搦加亦曰爾不知死刻何處候爾爾處處候之不甚寧耶修士先覺其路而片時俟死期至則善矣恒備以待死時死時雖忽至不爲不虞也我曹生命大半空消於須暇是以當事業中而忽屆死矣

亞爾色古名聖也天主賜之宜觀世人之情祈見一人盛水于罌此入彼出纖悉不存大神解之曰是爲行善于此造惡于彼者善行所積功德旋以惡行毀敗之次見兩人擔拖一長大木欲入天主殿也而爭先莫肯後

進、並不能入焉、亦傲人者、皆不能入天堂也、嗟、復見一人採薪、累積之、既積、欲負以行、覺力不支、姑置之、復採而益之、天神解曰、此則怠人之邪情、罪惡甚多、覺今難克難改、姑待來年改之、而其間又益他罪、增他惡、後欲改不愈難哉、故明日一言、正覡魔之言也、爾有惡未改有善未行、立時肇業、成功甚易、稍後更難也、何者、一罪之重、必垂心于他罪、今日不能、明日安能久成、若性習貫自然、疾老難瘳、惡舊難亂、罪彌深、帝祐彌絕、帝怒彌重、行善彌遲、疑碍彌多、罪惡注心、恒有所害、心力日衰、心明日昧、心欲日愁、心記日鈍、累年重結、非大勞不釋，積歲順欲，非大苦不脫宿負，能即償而須異日者，明徵不肯償也。事能即行，而須暇者，是明徵不欲行耳。

夫善德之修，特其初難，其難也，亦非德難之，我性邪情難之也。稍務克己，邪情漸融，德路日開，德行日樂矣。早年修諸者，情欲之根尚爲未深，權之甚易，爲善享樂尤永久焉。壽命甚長，愈宜善也。爾歲酒愈多，愈願其嘉。不幸而敗，愈多愈惜。早年爲善，事上帝，則以爾最強美奉上帝，帝益嘉之，厚報之。幼壯回邁，老耄而後思善，既發于世，始思循德，則以清美奉世事魔，以查滓奉事上帝。語曰：往千里，一返千里；久離於道，非久難還。幼壯年之行悉背德違道老耄不能行時欲即還之豈能延歟壯年行惡而行善推遺於老時猶得珍器將貯桑液先且多年用財職濟不甚愚乎色揭加曰修德宜如行路者出門遲非疾行不詰也夜臻旅館諸便悉乏夫移樹矯幹調馬治疾防敵游酒諸凡及時須作之事稍待他時必廢之小樹易移細幹易直待既成長而後思移之矯之非妄耶教老馬藥痼疾待敵入城毆之酒既酸而游之不甚遲乎

涉大海者知順風將至又不知何時至即於未至時豫備所用物可也待既至揚帆捩舵乃始備之不晚耶防敵

者。待敵既至。屬甲礪刃。得不受傷。將朝王。蚤登座而製朝服。能及見王哉。備死後末年之事。生人至急矣。豫備者為大智。死期已至。靈神欲行。邪魔來肆攻。上帝涖聽訊鞠。始求正道。行善備德。克惡悔罪。祈上帝。豈不甚難哉。善營事者。事急先之。事緩後之。心德及身後之事。最急矣。最後之可謂智乎。

近死之時。阻碍尤多。身之疾病楚痛。妻子之依戀。世事之別離。所犯罪惡之畏慮。死後訊鞠。及末殃之怖懼。皆擾我心。最深臨終之時。邪魔之攻伐更堅。心慮更昧。歸善改惡之意。豈可至哉。況人隨所種。必以是收。生種罪惡死時收靜慰。至難矣。生恣世樂。死後收安樂。必無之理也。生忘天主。死天主使忘。巳生時簡忽天主。死時天主必簡忽之。經中天主自云。我招爾而爾逆我。輕忽我勸責。爾死我亦笑爾。灾禍倏至。爾求而我不聽矣。是以自下期暫徇欲。享世樂。而後棄世。勤於修道。以是天堂者。譬猶猛暑際。行路者逢樹蔭。趨就之。解囊暫憩。稍殊。當速行。不覺迄晚。不寤此時奔走入城。門已闔矣。

敝國一商人。鳩聚數載。積財甚豐。或問何法致之。荅曰。非義之財。不使入我門。今日所能造。不待明日。自所能造。不委他人也。能用此三箴自修。必於暫時可就大德矣。

今世人甚勤於俗事甚怠於善德其故有三一則心無主可敬從一無道可履蹈一無罰可畏無賞可望也何謂無主天地有宗主人能識之敬事之即善有所趨向有所據依故行大小善之根悉在信識天壤中有主虔誠奉尊之萬世聖賢行道德之箴以事萬物真主為本欲行善而舍此真主善無根本似而實非或則徼恥無報於天矣人心無主如天無樞舟無舵進退無度行動淆亂無準焉故不識真主正為諸惡之根原也經曰愚者云於心中天地無主遂朽腐甚為可恨無有一為善者何謂無道可履蹈夫正道必出於天主亦自趨向於天主

也弗知所從出所趨向。安能知道乎。夫生人之亟務者
如求正道。爾娶妻求賢女。買田。求沃土。百凡世物世事
亡不求精良。盡其慮智計畫。不辭勞苦。不惜時與費。冀
得之。獨於道卽否。無論善惡。不辨正邪。輒取之。物有眞
贗。盡意求眞。道更有邪正。何不盡意求正焉。市贗物。則
失微價。術僞道。則失上帝。失眞德。失天報。失功勳。而終
必不免上帝之怒。受永年之殃。所失孰大乎。
何謂無罰可畏。無賞可望。邪魔者。我輩之劇寇也。其計慮
所向。全在喪人德。淪人於罪惡。其所用籌策至酷者。在
令人誤信善德身後無應報。罪惡死後無罰殃也。聖協

落尼曰。我輩皆勤慎於小事。怠惰於大事。所以然者。惟不知實命實福所在也。聖經記世人言曰。人與獸至竟如一。兩者之勢均矣。凡物絕息之理一也。人無加於獸皆以土摶捖而成。卒歸於土。誰知亞當天下宗祇之名子之神上陞。而獸魂下降。世人誤信此言。故恣於萬罪。怠於諸善也。見罪人犯科。不見即受罰。故曰天地無主。為惡無損。不覺天主之待不亟罰。正為其弘量大慈。不急行罰待我悔改耳。非全不顧不罰也。夫德非大勞不修。人欲非大苦不克。應報之望。增力以勝苦勞。此為修治德之途也。除應報之望。更有何法以勵衆善。警衆[illegible]

人負繩墨斧斤。游行於市。問曷不作務。必曰莫我鳩矣。居貨物。問此物曷不售。必曰。我待價也。人游閒不務德怠於克己。惟誤謂作德克己有大勞。身後無報應之價。故沈溺怠荒。覩忍受作德克己之苦勞者。顧爲狂愚也。

世有智者。魔或不能令信德行無身後之應報。則又設一策誑之曰。行善而望天報。此非德。乃利矣。爾行德。不冀天報。不尤精美乎。此言似高遠。引人進於至德。其實使人離於實德。誘人恣行諸惡者也。何者。行德爲德。此物此忘澌美矣。第非聖人弗及此也。卽聖人之行德也。其大意惡爲上帝。爲德美。亦何嘗不望於死後之報。況衆人乎。非望益。安能策怠。當行德之苦。謝隨世之樂。非畏害。安能去惡克己哉。今信有主有報者。猶難勗于精修。況去主去報歟。是以德行所忌。惟世報之望而已。以德望報於世。德性遂虛。此真非德。乃利矣。若天堂正為義人之本鄉。永命之所。天神及聖賢之境界。人昇之能見天主之本體。定於善。不能受害。凡人心所願美好。悉得于此所。上帝生人。令行善者冀望之。願得之。求就之。正大德耳。而反以為利。真邪魔欲令人溺惡怠善之誣語耳。

夫邪魔陰網非一。使人或脫于彼。復絓于此。曰死後天堂應報縱實有我黽勉于善必昇受之今何必論有無何必信望之余曰有天堂之報直為善者勤心事天主者必昇受之但不實信果有而望受之必不能事上帝為真善矣又何以能昇受之耶邪魔知人之情不堅信望死後之報即善德必不能毅然保存故雖似令人為善第令人棄此信望善德必并棄焉夫死後無來報天壤亦無主若果有天地人物之主身後必有善惡之來報矣此則萬世聖賢共心語也夫天地有上帝為萬物共主全能至善誰疑之則死後有永年之應報亦豈屬可疑之理哉矧此信望能策人怠慢激人精進又何故不誠

心信望之。若曰。必待死後既親見吾。則信焉。則先失天堂之永福。墮地獄之永苦。而後始信實有天堂地獄。豈不甚晚。信何益耶。

夫天主所備善人之酬報。非言可罄。天主聖經云。今世瞬息微眇之勞。所致天堂之福樂。無量數。無期限矣。又云。目未見。耳未聞。心未思。天主所備以酬愛之者。或問一賢者天主何物。賢者約締思一日。對之。既又約二日。次求四日。如是每倍之。問故。答曰。此事愈思愈覺甚超人力。故難答也。天堂之事。亦若此矣。但知一節之大。可測一人之大謬。思目下世事。亦畧可測天堂樂之萬一也聖亞吾斯丁云：吾主爲我此賤軀，與以多且大恩賜，一至於此。如天地、氣、海、晦明、寒暑、霜雪、雨露、鳥獸、魚鱉、草木，至備矣。所備於天境聖賢回爾之所，又何如？圈牢中若此多且厚，帝庭當何如？溯谷若此大樂，諸樂之境何如？今所并賜仇者友者若此豐隆，身後所特賜友者何如？不信爾言，不從爾道，賜享天地間諸福若此，所豫備以報信爾言者、尊爾命者、從爾道者，豈不尤盛大無比乎？智者逃世之樂，不爲牽動，但用以推思天上福也。富賈資錢入市，或糴微賤物，且下輙償其値矣；若最貴物，所償錢不足，約到家償之。世人之善德，恥小其直輕微天主隨用世福酬之具。誠心愛事上帝之德。其直重大。

一總世福不足酬之德。亦視為卑賤。不願得之。其直則

天主約死後全償於天堂焉。

或曰。向聞天堂地獄之說。竊謂此實至理。萬不可疑。又聞

天主至言。極能策人於怠。趨人於善。弗敢不實信之。今

世所由致疑者。為此。特聞天堂為諸福樂所。地獄為諸

苦難所。未知其福樂苦難之態。云何與世間福樂苦難

是同是異。世又特知能覺苦樂者。為有五官。故未知身

內神。魂既離本形。不能視聽臭嘗覺知。云何復能受苦

受樂。又未知是身死後。尚能與神靈同歸福樂苦難之

境加既降於地求久不能復作若開釋此理使人明信其實信天堂地獄之賞罰因而行善改過棄異端事天主不甚易歟

余曰凡天主造物各有所爲爲者諸物所趣向所急願望得也得之即其本性之全福已獲矣試如農夫耕田何爲乎必曰爲欲令人飽也則其終歲勤動必趨於饜足而後已饜足斯耕之事畢矣天主所以造人何爲乎則使之今生據所賜理心善事天主而後歸於天境得見天主本體享其福樂以是得其性之全福焉

凡靈物所不慊樂者有願不遂有所欲得弗能得也既得

則慾樂得爾大，樂爾廣，迨既令得其性所欲得含容之量，緣它悉滿與其心，緣它悉遂，斯爲全慰安全福樂矣。若所得福樂雖大，此外尚有美好福樂可得可享，所覺所得尚有虧歉，欲兼得之，未獲滿足，所得安樂不謂純全矣。

夫人有神靈，有形軀，兩相締結，成爲全體，惟神與形，體性既異，作用亦殊，所享福樂各從其類，身以形用，不能覺知神物，其所福樂，皆形福樂，不必盡暢於神靈也。神者靈用，其所福樂，亦神福樂，亦不必盡適於形身矣。夫靈神者，一身之宗主，其作用則有明悟、愛欲，此二能者，並爲

神靈之手足也明悟者審物理辨事宜別善惡之謂也
人知所趨避欣樂效動以求實理如水流行常通不已
故稱神靈之足運動之謂也此爲生人最要之能故有
之用故人性所願欲無急於明悟實理矣既已明悟厥
欲乃恢所明彌廣所樂彌大也愛欲者愛惡與其所欲
也既獲所欲獲則安靜慰樂享受之如山屹峙不復移
易故稱神靈之手握固之謂也愛欲者本向于美好順
便既獲之遂生慰樂所獲彌大樂亦彌深愛惡之川恒
居明悟之後明悟者以爲美好順便愛欲者遂從戀慕
悅我欲獲之如以爲穢惡鄙陋即增疾厭惡避欲避之

二能既滿，二願既足，加之綿亘不已，則靈神所欲得者既全得矣，吉福豈不完滿乎。

夫萬物之實理與其美好，咸有限際，而二能之期願寬廣，明悟所能洞知實理，愛欲所能享抱美好，悉無窮竟，何由全得圓滿。不及該洞享受萬物以上無窮之實理美好，即萬物之實理既該洞，美好兼享受，能饜足慰滿其冀望容量之大哉。夫萬物不能慰滿者，獨萬物之主爲能慰滿焉。是以凡靈物之全福，非見享天主不全完矣。聖亞吾斯丁謂天主曰：我主爾造我心于爾，非及歸爾不能安靖矣。聖經謂天主亦曰：識爾及爾所使耶穌矣利斯督（天主降生之名號）。此則常生矣。蓋天主之聖性雖純一，而萬理精妙，萬物美好，既已該備無餘，其佈於萬物之上者，猶無窮焉。靈神既離下土，趨登天域，以神目照洞吾天主無窮之性體智能，以愛欲之，是為享受吾天主無窮之美好，則其明貫理，享美好之量悉盡，而凡其性所願，明悟所期美好者，既悉得該洞享受焉。人至于此，智福俱全，愁痛窮悲，種種禍灾，種種邪情，悉得離逖，念慮願欲，悉若常旨。故其見享天主無盡時限，大定不易矣。其為福樂安靖，不在極全備乎。

靈神既飽飫於真福，其光輝吉樂之末，罔逮於肉身，肉身之福據其本性亦備足矣此非口舌可詳今姑以世所謂福者畧喻之夫外身精神強固百疾不侵氣度舒和體貌豐美內之神心靈明睿智事物萬理澄徹會通視聽言動不為物引况積於德大定於善加以富厚尊貴顯榮安樂此則世所謂身中身外皆雙脩者夫此種種諸福在此塵世則楚福也居世之人又僅獲其纖毫耳在天則未居天堂者正得其真與全矣蓋肉身一入此境無受損害常生不死自體強固全備四肢相稱無餘無虧發大光明七倍於日周旋六合不待俄頃透山入石了無障礙非若今之肉身饑思食渴思飲寒思

少思逸必有待而然也若其靈心親見天主無窮能性悉得洞曉無復疑碍大定於善無復更易寓於靜天淵天之境高峻盛麗固非世主珍寶玩好瓊宮瑤臺所可彷彿其萬一與天神及歷世之聖神相爲伴侶相爲昆弟相視相愛如一身心共是共非共愛共惡人所願惟天主所願分外之願自不復容自不復起凡巨細願無或不遂有所欲爲賴天主之全能無不能爲此其富足安逸尚矣居天堂者皆是天主鍾愛之子天神契慕之交尊與榮又孰大焉

曰凡人形軀既死入棺入墓腐朽無知安能又受若此之

福耶。曰血肉之軀。今雖速朽歸復於土。亦有日復生。而與本神靈俱升於天堂。受慶福也。此則天主親言。不必他論遠。當實信。即以理論之。亦有確然義據。蓋靈神肉身兩相締結。始成一人。凡二物相合。莫如靈神肉身最爲親切也。當其結合。惟恐相離。迨既相離。甚欲復結以成全人矣。故靈神方孑然獨立。未合肉身之時。雖享天堂之榮福。然其性之自然。猶未悉得慾滿焉。天主許令一日諸神聖之神靈與原身復結。補其性願受全性之榮福。不亦宜乎。凡謂善惡者。必曰人爲善惡。不僅曰靈神爲善惡也。故雖擇善蹈惡。原屬靈神自爲主持。乃結合時獨一靈神不能自作必藉肉身爲助故凡種種善行種種惡行莫非靈神肉身所共造作褒貶賞罰宜與受之故知肉身必有時復生而與靈神合爲全人然後或升明天蒙爲善之福榮或墮冥獄受行惡之殃咎也况靈神本自向善惟締結於血肉之身乃始誘役而甘其穢欲沉淪罪惡故肉身者微獨與靈神均惡而更爲煽惑之媒若使靈神受罰肉身蒙宥天主至公至平之義必不出此矣

所謂復生之肉身非天主更爲造一肉身乃與神靈原結合之肉身也蓋人生時靈與身共爲善惡故天主約令

復生之日，共受其報。是受善惡之報者，則其爲善惡者也。本來肉身與靈神同爲善惡，今受報者，必當以其原身。苟離于原身更造一身，而加之以原身所爲善惡之報，此猶罰無罪，宥有罪，賞無功，棄有功，豈天主至公至平之義哉。是以月下形軀，雖或焚成灰燼，或朽成浮塵，化歸於土，天主自有全智全能，初能于無中造成天地萬物，今亦能於無中造成衆人之靈神，後于復生之際取灰燼浮塵，變成人之原身，何謂不能乎。夫火能焚人，使爲灰，土能蝕人，使爲塵，豈造物者不能以灰塵復爲原身耶。

夫肉身復生向後之事。悉天主自造之事。事由天主自造者。莫不致精致備矣。於是今生所關損。一切皆蒙補益增減適中。氣力狀貌。全獲壯盛。端嚴美好。天主又以大能大德潤飾之。其最大者有四。一曰無損。謂一切病患水火刃鋸損人之物。不能傷之。六欲七情。絕無所攖。是故不能復死。一曰明光。所發光明照燿日不能儷。一曰神速。肉身復生。非若今時重濁之體。無翼而飛。不行而至。靈神所欲。無論上下遐邇。肉身隨至。不待瞬息。一曰神透。一切堅實之物。悉能透達。無有滯礙。穿山入石。無之不可。聖經所記太槩如此。其他天主所惠聖神之能

德恩施莫可數計

曰。世人功德必有小大。天報福樂宜有輕重。受福者若各飫滿斟酌。毫無缺欠。曷分等級耶。若曰有分。則下者不足。不如上者之足。願望之情。奚能悉謙。曰。聖神功德巨細不同。天報因之。但其功德愈宏。容含愈大。聖神受報各稱其容。故品級雖殊。無傷爲悉皆充滿也。譬之巨室家有多子。皆以寶錦爲其鮮衣。短長寬窄。合稱其體而裁製之。長子之衣。既長且寬。其價必重。然其衣止合長子之身。若移于他子。豈堪著哉。亦必非他子所願[illegible]也

若地獄與天堂正相反也。天堂安於靜天九重天之上。故

為淸朗。地獄置於地中最下之處。最汚暗也。其苦難

態。固非口舌可罄其萬一也。凡天主所自造之物。如天

如地如海。皆甚大甚滿。皆足顯無涯之智能也。地獄

苦。及甚盛義怒刑罰。亦用呈其無量之能。即甚大甚備

可想知已。地獄之苦多種。總歸於二。一謂覺苦。一謂失

苦。覺苦者。寒。火。饑。渴。臭穢。暗冥。憂懣。與凡一切能致痛

楚之刑。此類之苦。地獄甚備甚大。凡世間所謂苦者。以

是苦視之。悉不為苦。正如畫物與眞物也。是以天主屢

使人暫視地獄之苦。其人後遇世之大苦。甚樂忍之。不

謂苦矣。

失苦者。則失天主及天堂諸慶福。永不復得之悲憂也。所苦愈大。失苦更深。譬之一人。今日盡勝服其敵。將立爲大國之王。不虞偶以微故。事勢忽易。敵立爲王。已又被敵束縛。加之大苦重刑。斯人之覺苦雖重。但其忽失大福之憂懣更深矣。夫世苦雖大。或有他慰。即無他慰。尚有有限之慰。地獄之苦。既猛且大。而又無限。入者知不能出。故悉無復脫之慰。而有永永不能脫之苦憂。地獄中人與鬼。使天主許之。一歲每年食海水一口。待海水食盡。地獄之苦亦殫。此望雖甚遐。然亦有時而至。亦足輕減其苦。但此微望。悉絕其苦。憂豈不甚大無比。亦同苦者多。尚足微慰。獄苦獨否。同苦者。相很惡視如寇仇。故彼之苦悲。皆增我憂。而愈多愈苦也。此處之掌戮則鬼魔也。其惡劇大。甚強有力。酷虐無比。其恨我人類最深。無絲髮慈愍。凡所能加。惟力是視。其所加苦難又孰尚乎。受世苦者。知或憐我。亦當微慰。地獄中受苦者無論天主無涯之慈。及天神與諸天堂之聖神。悉不復哀愍之。即諸神聖視天主至義至當之永罰。甚為樂矣。受苦者。復計前在世時。肯處心求正道事天主守其微戒。忍其暫勞。則能免此大難。復仰天堂視在世所識人以微苦致天堂無量之慶福安慰。更增其懊悵。是其苦難憂戚至純。無纖毫慰樂焉。是其永悲可嗟恚懟上帝。心言永永不間焉。

曰。地獄中受苦者。其肉身亦復生否。曰衆聖神之肉身復生時。地獄之人亦同復其原身。但聖神之肉身復生。送升天庭。偕與本神靈同享福樂。而聖神之福樂從是滿足。惡人不然。其身再作。更與原神靈同受永罰。其爲痛苦較前更甚。神靈受苦。既不能堪。惟求亟滅。而不可得加以肉身之苦實。又更益之。安可謂生耶。生者動而自適之謂也。原泉混混。不舍晝夜。謂之活水。掘地而注。更無改移。謂死水〻矣。聖神既在天域。凡所欲爲無弗能爲大小之欲無不必遂。如是無量。不計歲月。謂之常生。若夫不仁之人。旣入地獄。束縛於萬苦之中。會無轉動。自負痛楚。懇求滅息。又不可得。煩欲雖微。無一能遂。永永如是雖有形質。不能滅亡。實爲常死。曷爲常生耶。

論勤德

夫人心如地。久不耕耘。必生荆棘。經云。我經怠人之地。荆棘充滿之。是以克己之業。須臾不可置。稍置之。則邪念及穢欲。群芽叢生焉。夫心之邪情。方在世之時。誰能言已盡克之。悉拔之耶。爾勿自欺。絕者復芽。退者復返。滅者復熾。曲者復伸。淨者復汚。寐者復醒。一拔而已。豈足乎。必須恒拔其惡樹，雖以美枝接之，第其根幹尚存，原性豈能不如其原性發芽乎。故修士之業，惟逆其性，拔絶其芽。正其念慮，淸其願欲，守其五官，此非甚易於善者，豈能就哉。

夫世間所謂慶福，無論富貴安樂，才智道德，必須人自求索，乃始得之，無有自能求索人者也。故必由勤勞致之，怠者憎勞避勤，已失所爲得慶福之因，何由得諸慶福邪。譬之一城，特有二門，彼爲諸福所入，此爲諸禍所入，汝但閉彼闢此，不令滿城皆禍災，狀若地獄，爲可恨可避之處乎。怠者好暇，是闢諸邪念同行所由入之門也憎勤惡勞、是闢諸慶福所由入之門、故諸災禍悉隨之、諸慶福悉避之。

經云、爾見人勗於事業者、必當王而立、不小人伍也、千歲之前、大西諸國未盡入天主聖教、有國主奉事神佛、而臣民多敬信天主者。有一王新即位、令曰。諸臣偕我奉神佛者、官位如故、否、悉逐去、我特貰爾命、足矣、諸臣中有不背天主者、皆棄位去、有戀官位者、內信天主、外若王命、向神佛拜禮之。王遽命去者悉還官之、其外順王命者、盡逐之曰、爾曹不忠于天地大主、而忠我乎、今向微利、棄大主。遇利、豈不棄小主乎。

天主視一黽勉於善之人，亦千倍重於善人而不黽勉者。經云：一罪人實悔痛其罪，轉化為善，天上之樂，大於九十九善人而無須痛悔者。何故乎？彼罪人自承為罪人，故切於痛悔，急於悛改，勤敏善行，用贖前愆，故上帝最重之。善者或自謂善矣，或大犯不急於精進，雖善，帝視之猶輕焉。譬有一卒，先怯敵，棄甲曳兵而走，忽返而力戰勝敵；又一卒焉，不怖走，亦未嘗力戰。爾孰賞乎？有地於此，荊棘叢茂，荊棘既拔，復種五穀，生產亦豐；又有地焉，不生荊棘，而甚磽瘠，生穀亦薄。爾孰貴乎？是以一時勤敏，勝多年之善；千百善人，不務精進，并力祈禱，未必主心勤敏於善、但一祈禱、即能感動、聽受開可焉。爾有百僕、其九十九者、慮主怒、畏主刑、弗敢犯大罪。但小過微疵、不務避之、大命不敢不行、但小命輕忽之。一者奴茲其主、雖小過、弗敢故犯之。雖微命、弗敢不尊之。自此之外、又伺主心所喜。雖大勞、悉務行之、使主智者視此一僕、不重於九十九僕乎。此一僕者、有所祈請、其感動智主之心、不亦深且速於他諸僕乎。

善人而不勤敏于善、奚翅不能得所求、天主最深厭之。經中天主云、願爾或熱或寒。但溫不寒熱、如唾爾。熱謂勤敏於德、寒謂流溺於罪也。溫者、不爲惡、又不勤於善行。

取譬於水或寒或熱皆可食溫水不寒不熱難食令噬
耳但溫者有二從熱向寒從寒向熱皆經于溫一過之
後非向熱必向寒不久溫也人不日進于所當為之善
即所已為之善必日日消矣若曰姑止於此善不進
亦不退無是理也一失于進遂始退矣天主豈願人
惡不願人善乎善人而怠于精進必近於惡從善墮惡
其復起於善難於未嘗為善者也故天主甚厭之若罪
人自識其惡知其險危畏恐大罰今日雖惡尚與悛改
是必當行急於精進故天主不之棄焉經曰怠使於使
之者如醯於齒烟於目也亡不饞然厭怒之矧爾□□小

爲他惡。特怠於善。亦自足爲惡也。爾有一僕。不竊不詈。不淫不詐。諸罪不犯。第終日游閑。諸務悉廢。爾謂善僕乎。爾不責怒之乎。責以何罪。豈止營業已乎。故他罪不犯。獨怠於善。必能令上帝所怒。大降不祥也。故僅不爲惡。不足稱善。先絕諸惡。復勉爲善。乃足稱善焉。

夫天主者。造我正主也。其智能仁慈美好尊大。皆無限際。是以我儕所宜敬愛奉事之者。亦無限際也。我力既不克爲所宜爲。第竭力守其戒命。不怠於所能爲之微善。不亦可乎。矧我儕所得性。及繼性之美好。與身內身外之福。悉皆天主惠賜。殫心力奉事。猶不能謝其萬一。况

怠於所能爲之微善哉我儕罪過日多且重我功勳未
足盡贖之天主所設報罪惡之殃亦極重大策怠勗善
以感動天主赦罪衍殃詎可泄泄哉天主所備爲善之
天報亦宏大無境我功德不足當之今怠於積功修德
又安能承受之天路遐邈其中寇敵甚多須克之邪感
甚繁須遏之形命須守之艱難須忍之人命踰頃今日
盡爲我有邪否耶不可知半途息肩而臥罪惡之赦與
天堂之安何由施及歟於高山者不得不疲何况於天
堂天堂者天主所備以報功德以報苦難之人怠於
功德不忍受苦則不得其報經云天國受攻惟強者

能劫之憂者衆。如脂膏以微苦之火輒傾融化消之矣
安望悉力戰勝哉。
人最于善勤事上帝。應報之至。輒生于心。無論身苦樂其
心恒保樂焉。是則身後永報之味。今世已始嘗之。勤人
之望豈不貴于世人之得哉。是用不怖死。且願望之死
期近無憾。且樂受之。知爲歸鄉。入所恒望永慶之門耳。
怠者異是。無功德。無天報可望之樂也。有口以造謊。故
恒怖永殃。無刻可安。今世已始嘗死後永殃之苦矣。或
曰。凡獸如馬牛羊牢之則從。豕獨否。且大作悲聲。何故
曰。馬謂將我乘。牛謂將我耕。羊謂將我取毛。皆有所用

之故，不疑受害耳。獨豕終日飽而游鬪，不可乘，不可耕，無毛可衣，而牽之，不謂將我殺，故甚悲扚怒欲脫矣。勤敏于善者，世福不望得之，故亦不畏失之心，抱功德懷身後永報之望，故愉中甚安也。怠者終日徇欲，無功德可恃，有罪惡可怖，故樂中不樂，安中疑害，徵疾畏死，正不祥人耳。

爾勤於德，遇勞勿止。天主令爾鬪，而爾勝，輔爾弱，報爾勤。

邪情攻爾，勿以目下德行之憂勞，比徇邪情之樂，惟以今行善之憂，比徇情罪後之憂；以今徇情之樂，比身後天堂之樂，乃知德樂大且永，徇情欲之樂小且短矣。爾鬬勝勿自安而和兵紐勝屢生怠致負既得一勝必斂干櫓亦以復鬬大海必多浪此世必多邪感矣鬬而被傷勿失心勿曳兵而走須如勇士被比之辱與傷之痛益力而復鬬若以傷增勇必逐逐爾者必勝勝爾者復鬬復傷亦勿失心善戰者不在不受傷正在不屈於敵多受傷不爲負受傷失心而屈服于敵斯爲負焉誘感至勿徒不徇而止因而益德可也邪慾饕誘爾爾因稍減食飲正慾吝貪攻爾爾增捨施若此者以邪感益德邪感自止。

凡德行自有我情欲所致之難勤心修之諸難自消經云

爾營業務勤速諸病不逢爾是以修善如推車不脂其轂縱地夷卑輕窮力不進脂之雖重載易前矣難行之德勤心易之易行之事怠心難之

夫修士必遇艱阻危險故勤者欲護諸德須內備勇德以勝之勇德何也不妄就險不畏避險以平心愉色忍大辱嫚輕忽身命及諸世之吉福而事事上帝之德及身後永年之事不畏世禍而特以罪訧過失爲可畏者斯正勇德也外勇力人尚不及獸豈足爲德惟敵情欲忍艱難是則內勇足爲德也君子知無勇功德難以保護故恆備防禦之慮消世患畏之衰也

色掤加勸一徒進。當置世變之虛怖曰我曹不知自備
於邇者惟妄慮於遠者未然之慮上帝賜人顯之大恩
也人自轉用爲大害焉。惟迷前禽獸知避避而有益時
乃避之我曹已過者未。不者併累焉過慮之極屢以福
致害焉已過之苦心憶不忘未來之苦豫慮先致緣曰
前而爲無福者鮮矣怖我者多損我者寡疑心苦大實
事苦小實者有度惟慮者無度其擾滋多凡我仇中最
狠者誰緣我小心懼心致衆益力增膽矣事有憂之逈
當者有不當憂而憂者有非其時而先憂者須明備所
畏將至之兆宜上否無憑致畏不明辨入勇排之負而爲

乎爾所畏終不見者不甚多貴繼必至矣至而
後遷之亦不遲矣且未必乘爲災也安知不致我福使
我此暫苦貽多年之樂乎曹須臾之後不得不死須
臾之前爲道德死則因所　能免之患致丕功宏報不
大幸乎。

仁克卷之七終

七克後跋

從予有味乎利子之書爲之發青而廣其傳矣利子既沒復有龐子衍耶穌之教而利子之言益彰頃從楊淇園先生所獲觀七克駸駸乎先聖遺言名儒耿論也夫克之説肇自宣尼其所克惟一巳而巳有四何居乎龐子之克有七而支且數十也蓋上根之人情識未封直見本體即從本體滌除豁然四解而諸緣無所依附巳一克而天下歸仁非顏子難與語此下根之人私欲糺結種種諸惡相附而生譬之元氣消鑠是生諸病因病製方七者其大凡也別而言之則爲驕傲爲疾妬爲慳吝忿怒爲食色爲[illegible]

之則一已而已噫夫术術述目則天地之位私欲之心則是非溷淆彼且視爲美藥御而親之尤孰知已之爲害必分道交攻庶幾坦無伏寇麗子之言又曷可少哉昔枚生爲七發文人相矜競爲七啟七命七契七闢凡數十家猶效顰未已也今麗子之七克成一洗文人之陋用是與利子之書並刻以爲世人藥石云

萬曆甲寅季夏新都後學汪汝淳識

靈言蠡勺引

亞尼瑪（譯言靈魂亦言靈性）之學。於費祿蘇非亞（譯言格物窮理）之學中。為最益。為最尊。古有大學。牓其堂曰認己。謂認己者。是世人百千萬種學問根宗。人人所當先務也。其所稱認己。何也。先識己亞尼瑪之尊亞尼瑪之性也。若人常想亞尼瑪之能。亞尼瑪之美。必然明達世間萬事。如水流花謝。難可久戀。惟當罄心努力。以求天上永永常在之事。故格物窮理之君子。所以顯著其美妙。若為此推而齊家治國平天下。凡為人師牧者。尤宜習此亞尼瑪之學。借此理以為齊治均平之術。蓋亞尼瑪之學理。居其至崇高之處。以臨御亞尼瑪之欲能怒能（說見篇中）可以駕馭使之從理。凡諸情之動。能節制之。治人之法。一切臨御駕馭節制之勢。略相似焉。君子在上。以恩德柔善良欲能之象也。以威稜御強梗怒能之象也。以法制禁令。消弭亂萌。節度諸情之象也。亞利斯多曰。醫者欲療肉體之病。尚須習亞尼瑪之學。治人者瘵靈心之病。其須習也。殆有甚焉。等而上之。欲論天上之事。其須知此。又更有甚焉者。蓋從亞尼瑪可以通達天神無質者之情狀。而亞尼瑪還想本已之性。亦略可通達　天主之性。爲依其本性所有諸美好。可遡及於諸美好之源故也。故古昔典籍。無不贊歎亞尼瑪謂之甚奇。如曰亞尼瑪爲世時與永時兩時間之地平。世時者有始有終。永時者無始無終。天下萬物皆有始有終。　天主無始無終。亞尼瑪有始無終。在　天主與萬物之間。若周天十二宮。六宮恒在地上。六宮恒在地下。而地平在其中間。爲上與下分別之界限也如曰亞尼瑪爲有形之性與無形之性兩性之締結如曰亞尼瑪爲宇宙之約謂上則爲天主之肖像。天神之相似。下則爲萬物之所向是也故亞吾斯丁曰費祿蘇非亞總歸兩大端其一論亞尼瑪其一論 陡斯亞尼瑪者令人認己論 陡斯者。令人認其源論亞尼瑪者使人可受福論 陡斯者。使人享福。今略說亞尼瑪四篇。一論亞尼瑪之體。二論亞尼瑪之能三論亞尼瑪之尊四論亞尼瑪所向美好之情總歸於令人認己而認

陡斯以享其福焉。方之本論。未免挂一漏萬
聊當嚆矢以待與日詳之耳
天啓甲子七月泰西後學畢方濟謹書

靈言蠡勺卷上

泰西　畢方濟　口授

吳淞　徐光啓　筆錄　愼脩堂重刻

論亞尼瑪之體

惜哉吾世人迷於肉身。忘想亞尼瑪之至妙也。

聖白爾納曰。有多多人。能知多多事。而不知自己。覓多多物。而獨忘自己。求美好於外物。而未嘗旋想自心之內。有美好在也。人人自心之內。有至美好之形像至美好者。天主也。何獨人可謂之

天主像他物則否乎物無靈不能識天主人之亞尼瑪能識之能向之能望之能愛之能得之能享之故曰有至美好之像何必外求物乎

欲盡通亞尼瑪之妙非二事不可一者依天主經典所說二者依我信德之光也信德者信天主之德今依聖經依信德略言之

亞尼瑪是自立之體是本自在者是神之類是不能死是由天主造成是從無物而有是成於賦我之所賦我之時是為我體模是終賴額辣濟亞譯言聖寵賴人之善行可享真福以上

數端下文

詳言之

何謂自立之體。凡格物者。欲定一物之稱謂。必以總專爲法。闕一不可總稱者。衆共之。如人有生。草木禽獸亦有生。生者。人與物所同也。專稱者。如人有靈能推論理。草木禽獸無之。靈者。人所獨也。故指人爲有生之物。此謂總稱。指人爲能論理者。此謂專稱自立之體者。亞尼瑪之總稱也。自立體不止亞尼瑪。而亞尼瑪則是自立體。如凡言有生之物。不止是人而人則是有生之物格物之說。有自立。有依賴。自立者。自爲體。而爲他物所賴。依賴者。不能自立。依自立之體。則爲有。不依賴於自立之物。則不能自爲一物何謂本自在者。言本自在，以別於生魂覺魂也。

塊有三。生塊、覺塊、靈塊。草木之塊，有生無覺無靈。禽獸之塊，有生有覺無靈。人之塊，有生有覺有靈。

生塊覺塊，從質而出，皆賴其體而爲有。所依者盡，則生覺俱盡。靈塊在人，非出於質，非賴其體而有。雖人死而不滅，故爲本自在也。

本自在，與自立之體異義。如人是自立之體，馬亦是自立之體，但馬之體模，因馬而在。無馬，則無馬之體模，不得言本自在。人之亞尼瑪，人在亦在，人不在亦在，故言本自在者。

前謂神之類。言神類，以別於他不屬神之類。如

生覺魂等。又以正他諸妄說。如謂魂爲氣等也

何謂不能死。以別於他物之生魂覺魂。不能自立。與體偕滅也。又以正人死魂與偕滅之妄說也。又以正夫人有三魂。死則生覺已滅。靈魂獨在之誤論也。亞尼瑪是一非三。只此靈魂。亦生亦覺。人死之後。因無軀殼。故生覺不用。儻令復生。靈魂與肉身復合。仍用生覺如前未死時。如草木畢花於葉花初與死時悔於此迨於春時發於重而後葉華實然

然發見

何謂由 天主造成。以明非天神等所造成也

天主造成萬物，造成人類，造成天神，造成天地，可見不可見，一切諸物，皆非他所造成

何獨亞尼瑪由他造成，不由 天主乎

何謂從無物而有，以明非 天主全體中分予之一分也，亦非他有大靈魂，分彼而予此也

何謂成於賦我之所賦我之時，以明非造成之初先造幾[illegible] [illegible]原居天上，與天神同，或他

貯。隨時取用也。又非欲賦予時先化成後賦予也。又非肉身之外。造成靈魂。并合爲一也。日造肉身肉身已成。日造靈魂而賦之新新非故。卽成時便賦界。卽賦界時。便成成與賦但有原先後。無有時先後時先後如器先造而後用如水先源而後委也。至如日光一照。若高若下。同時俱有。特從金水月天而至於地。不得言由地而至於月水金天。此謂原先後。卽非日光某時先至金水月天某時後至於地。故無時先後。又若父子。第相因而有之物。亦有原先後而無時先後。何者。當無子時。不可謂父。有子而可謂父。故父子之稱同時俱有。

何謂爲我體模。凡物皆有兩模凡物有四所以然曰作曰模曰質曰爲。模者模狀之。如是者爲是物置之於本倫別之於他類也。俗言爲樣。譬之車輪牙周。輻轂。抱賢。[illegible]模也。若輪人是作一者。材木是質者。所以之利轉以行車是爲者

體模。一依模。體模者內體模。物所由成非是模不成是物。依模者外形模。物之形像可見者是也。令言亞尼瑪爲人之體模。以明非由熱冷乾濕四情會合所成可聚可散。如陶人埏埴也

何謂終賴。顏辣濟亞賴人之善行可享真福。是

言亞尼瑪之爲者也爲者四所以然之一如造矩爲作方造規爲作圓也亞尼瑪在人他無終向惟賴聖寵可盡其力向事　陡斯立功業以享天上眞福也亞吾斯丁曰　天主造成人之亞尼瑪爲通達至美好通而愛之愛而得之得而享之曰額辣濟亞者以明天上眞福非人之志力欲得眞福須立爲善之功欲立爲善之功亦必賴主祐若自賴其志力爲善立功以得福未能也與天主公祐所能得之爲善立功既賴主祐矣然主祐有二一公祐一特祐公祐者人與物所共得一切性長安存及其各行各動皆須天主公祐

故　天主為萬行萬動之原所以然而行動之物為其行動之次所以然如火為熱之次所以然而　天主為熱之原所以然此原所以然之公祐無物不得既所共得即若物所自有者然若專藉此與物不異用以為善立功而得真福亦未能也必有額辣濟亞之特祐然後能為義者凡未認　天主不得其聖寵或已認之而因行惡失聖寵者皆對於不義因於　主祐而幸認之幸改過遷善即獲聖寵是名義者為　天主所愛而當受真福也曰賴人之善行者額辣濟亞之特祐又有三端一為初提醒特祐二為次維持特祐三為後恒終特祐初提醒特祐者非我功力所致　天主

徒與諸人者也人向無聖寵之先。多爲不義忽自覺非、而欲悔改。此爲提醒之特祐。我既不義無光。爲何得此提醒之祐。乃是　天主憫我罪人。自肯提醒。無因而得。故曰徒與諸我者。如暗途中有坑阱。我向冥行。將陷於阱。忽得明燭。與者之恩次

維持特祐者。人已得提醒。又賴此維持特祐。與我偕行。日遷於義。而行義加勤。獲祐加重。此維持之特祐。爲可與而與者也可與者。未可言當與也。未　可言必與也。能偕維持之祐。日進於義以應　主恩。如既得明燭。從此進步、進步不止。燭光不息。因其肯進與之燭光。令可至於欲至之地。中道而止。亦不可知。未應得受能至之報。故曰可與而與。非當與而必與也賴此維持特祐。而偕行

諸善爲義不止。又得　天主與我恒終特祐。時刻偕行。至死爲義者。毫無間斷。此恒終特祐。亦可與而與者也。如是命終。而得眞福。則爲當與而與者也當與而與如工完受直不得不與可見不因自身善行。雖得提醒之祐。不能得維持之祐。又賴此維持之祐。進進不止。而得恒終之祐。至死爲義者。然後得受升天之眞福。是當與之定報。故曰賴人之善行。而可得眞福也。聖亞吾斯丁曰。凡能自主之人。欲去前不義

不自悔不能遷於義者曰能自主爲孩童無知不能自主者不論故也

從此可推他言人之亞尼瑪可分散於諸有生者非也又言亞尼瑪有形像附我形像因人小大因人老幼者亦非也爲人之亞尼瑪是神類無幾何可論全在全體亦全在全體之諸分如　天主無所不在全在天地之間亦全在天地間之諸分也

又從此推人之亞尼瑪非人也但是人之一分

爲其無形無象。又不能死。必與軀殼合。乃成人耳

又從此推。或言亞尼瑪在人。如主人在家。舟師在船。此比喻似之。而非也。信如此比喻。將疑亞尼瑪不爲人之內體模。不知人之爲人。全憑此爲內體模。若脫離。若不成爲人。非若主人或去家。猶是家。舟師或離船。猶是船也。若不於離合際。令精求至理。但於生死論其粗迹。相合卽生。相離卽死。卽上二端。差可設爲權喻。

以曉愚俗

又從此推。或言人心爲亞尼瑪之所。但居中心而制百體。如國主居朝。宰制四境。此亦非也。亞尼瑪全在全體。而活其體。模其體。若在一分。即全在其分。而活其分。模其分。無有方所。何得言但居中心。而遥制各分。然亞尼瑪雖全在所在。活之模之。而每於中心。施爲運用諸關生命之事。如身中之火。身中之血。皆從心而出。若水自泉源。分別枝派。故謂心爲亞尼瑪之初所。又為亞尼瑪之終所。初所云者。
非謂初居中心。次及各分也。為諸關切生命
之事。由心運用。故運用之初。似在心始。終所
云者。非謂先在諸分。退歸於心。而人命終。為
諸關生之事。既由心運。及於末際。諸分謝事。
心猶運用漸。至終絶。故運用之末。似在心終
也。蓋亞尼瑪在心而在諸分。活心而活諸分。
模心而模諸分。無有時先後。止有原先後耳。
又從此推。或言亞尼瑪是人之血。或言在人之

血分。皆非也。亞尼瑪神類。全在全體。全在諸分。何得為血。何得在血。但血為生命之輿。又具熱性。而周行百脉。一切喜怒哀樂愛惡羞懼諸情。皆憑血運。皆因血顯。比之筋骨皮肉等。殊覺迥然。故亞尼瑪之功用於此特為顯著耳

又從此推亞尼瑪一種學問。早夜以思此於他諸學問。致為有益。如上文聖伯爾納曰。人知多事。不如知己。覔多物。不如覔己。求美好於

外。不如想美好在自心之內

論亞尼瑪之生能覺能

亞尼瑪既生既覺。其能如何。今畧陳數端

其一。為人身萬行萬動至近至切之所以然

其二。凡生魂所有之能三。一者育養之能育養者如草木藉於膏潤。人身資夫精血。日以滋養二者長大之能。三者傳生之能。試觀人生既能育養。又復長大。旋至充滿。充滿之後。又能傳生類。已之人。一一如草木然。是生魂所有之能　天主於人之亞

尼瑪皆全畀之節人之亞尼瑪亦可稱爲生魂也

其三。凡覺魂所有之能二。一動能一覺能。鳥獸等生而能動草木無之人亦生而能動是有覺魂之動能也覺能又有二一者外覺二者內覺行外覺以外能外能有五司耳目口鼻體是也行內覺以內能內能有二司有四職一公司主受五司所收聲色臭味等受而能分別之二思司思司有三職其一。主藏五司所收皆受而藏之如倉庫然其二主收覺物自然曉達之意（如羊知狼是其讐即知懼也）其三主藏所收諸物之意也內二司之外別有一能曰嗜司凡外五司內二司所收之物可嗜之可棄之此爲嗜司嗜司之能又有二分一者欲能二者怒能（怒非喜之對如草木怒生之怒言其敢也）凡所嗜所棄於已相宜則欲求之不相宜則欲去之此爲欲能所嗜所棄於已相宜則敢求之不相宜則敢去之此爲怒能或嗜或棄各兼二者然

欲能柔怒能剛怒能欲能之敵也已上內外諸司人與鳥獸等無異是覺魂所有之能天主於人之亞尼瑪亦全畀之卽人之亞尼瑪亦可稱爲覺魂也但人之欲能怒能本屬於理而聽其命如此爲可愛此爲可慕此爲可捐此爲可禦理所是者不得不從乃時欲自任當聽從時每存抑惜如馬於御者意自欲騁因其控止特爲躑躅也是在人情自可覺察譬若威主烈士或時憤發如火熾然而

忠臣良友力相規戒如火得水旋爲消滅矣

論亞尼瑪之靈能

天主於人之亞尼瑪若但予之生塊覺塊卽與草木禽獸等無以大異其予之令超軼萬類卓然首出者靈塊也靈塊有內三司一曰記含者二曰明悟者三曰愛欲者

論記含者

記含者名之爲三總之歸一爲亞尼瑪之能藏物之像以時而用能記有形無形之物其所

爲亞尼瑪。爲腦囊其功有二。其爲益難盡言
何謂名之爲三總之歸一。凡論物理先考名實
如物有同名異實者。衆其名先定其物之實。
然後可得而論也。一魚也。水蟲名魚。走獸名
魚。天星名魚。但言魚者。格物家未知所的指。
謂之疑謂。若定指其一而論之。謂之指謂。今
言記含名之爲三。其一記能。能記也。其一記
功。記之也。其一習像。已記也。總之歸於記含。
今所指論。記能也。亞尼瑪之能也

何謂亞尼瑪之能。是總稱也。亞尼瑪之能有三司。不止記含。而記含則得稱亞尼瑪之能

何謂藏物之像。以時而用。是則記含之分職。所以別於他司也。凡外五司所收之物。皆有形質。不能入於內司。則取其像。入於公司。此像甚粗。既從思司。分別取細。入於記含之司。待至欲用隨時取之。若無形之物。不屬外司。爲內二司所收。亦入公司。本無粗像。不必取細。徑從思司。藏於記含之司。以時取之。取之者。

所藏之物。種種不一。若隨時欲取一物。則記含之司悉呈諸物。任所欲得。如庫司主藏。待命出之也。是知記含之藏物甚多無數。故亞吾斯丁曰。記含之容大哉。玄哉。記含之竅微而容哉。曲而深哉。無物不登其門。無物不入其藏。非收物之體也。收物之像也。久收之以聽用

何謂能記有形無形之物。記含者分之有二。一曰司記含。一曰靈記含。司記含之職。止能記

有形之物。故禽獸等皆有之。即禽獸等亦不必全有。何以明之。試觀巢居穴居者。恒識所止。去而復還。能識其子。又犬馬牛羊等四足之彙。亦能作夢。犬方酣睡。忽然而吠。非由夢乎。既能作夢。必有經歷之事。藏於內司。又如畜貍犬者。各加名號。一呼以至。此司記含之效矣。惟魚亦然。扣擊作聲。旋予之食。後聞是聲。群然咸聚。其在水中。亦有本所恒依向之。趨利避害。旋往旋來。由能記也。其無記者。

但具嘗司觸司止。識見在之事。不能憶旣去之事。如蠔之屬。生而不動。不能記含。亦無用記含。又如蟲蛆之屬。雖有動作。茫無歸向。亦無記含矣。靈記含之職。能記無形像之物。惟人有之。何者。人能記物之專。又能記物之總。總者。無形之物也如乙能記甲爲兄。丙爲弟。又記甲丙總爲同生。又記同生之甲丙總爲人。兄弟爲專。同生爲總。人爲大總。同生與人。無形之物也。又如記人之白。記馬之白。又能記一總白。總白者。無形之物也又能令人死後其靈魂必能記生前之事。此亦無形之物。且外

司已謝必不緣司記含當緣靈記含也

何謂其所為亞尼瑪為腦囊靈記含依亞尼瑪之體與明悟愛欲同皆謂之不能離之賴者

格物之論有二種依賴一能離於承受之體如色如味色改黑則失白味變酸則失甘也一不能離於承受之體如熱於火冷於水是也

司記含之所在者腦囊居顱顖之後何言兩記含當有兩所試思

天主賜我能視有形之物既有有形之目則能明無形之物者必有無形之耳能嘗有形之味既有有形之舌則能嘗無形之味者

必有無形之舌。有形之司。收有形之物。其所記含。必有有形之所。無形之司。收無形之物。其所記含。必有無形之所。有形之所則腦囊。無形之所則亞尼瑪

何謂其功有二。一者憶記。二者推記。憶記者。先我所知。今如先所知。復向而知之。何者。先所未知。直無所知。不可謂記。先有所知。後已悉忘。不可謂記。惟先所知知者。今一念及。宛然如見。此謂如前所知。復向而知之。亞利斯多曰。

凡經過之事屬於記含見前之事屬於所司將來之事屬於望推記者從此一物而記他物如從記鶯而推記其黃又因而推記黃金之黃又如記今春之濕潤因而推記去春之濕潤蓋記含無他止於先所藏者今復覓之覓未得時設遇與此相似之物或與此相連貫之物乘其機緣展轉相關因而得所欲得此爲推記也推記須因衆物而得一物憶記者不須衆物直記此物此兩所記總皆經歷之事物像猶在故可憶可推其實一也若本

無知者知而悉忘者無此物像莫可憶矣莫可推矣

從此可知人之亞尼瑪既離肉身之後尚有憶記而無推記何者推記而記緣我嘗忘所緣忘者爲記含之器或受他損以亂其像亞尼瑪既離肉身其所記含不藉肉身之器無可受損同於天神之類故也

若禽獸之屬亦有憶記而無推記何者凡推記之節次有三一者須記他物二者由他物而

推尋此物。三者因而得過此物。皆緣人靈能推論理。以致其然。此中包含明悟。能推記者。則是睿哲之徵。非物類無靈所能與也。或有言禽獸能推記者。如補大爾歌曰。狐狸過冰。先聽流澌。以爲行止。一似因聲知動。因動知危。因危知溺也。走狗逐兎。遇三岐之路。先嗅其一。次嗅其二。悉無兎氣。次及於三。不復再嗅。徑往逐之。此亦能推之驗。不知是等禽獸所知。非靈魂之正推。乃推之像耳。走狗逐兎。

緣趨利甚急。迫使速去此此知覺中自然之能

狐涉聽冰。緣其避患甚巧。平時遇水。聞聲不

敢逕渡。今聞水聲。亦復知避。此知覺中之復

記皆非因此得彼。若人靈之推論矣

何謂其靈難以盡言。凡人誦讀談講思惟學習。

諸凡所得。賴此而得久存。賴此而得應用。故

天主予我記含之司。如藥肆然任所取之。

以療我心靈也。補大爾歌曰。記含者百學之

藏諸業之母。智者之子。令人無記含必不得

稱智者。謂智者必以昔視今。以往知來。若非前記不忘。將何藉以推測。得稱智邪。凡物有知其爲奇而不能知其奇之所以然者。若記含者不知何緣能以不同類不同品無量數物入於諸藏。雜然并容。井然不混。無來不收。無取不應。分求分尋。合求合尋。簡擇而求。簡擇而尋。試觀書生背誦經籍。所取給字像經歷數時。袞袞不竭。聽者欲厭。而記含之司出之不倦。又且纖悉靡遺。次序不越。後出者。先

不能遡阻求此者彼弗敢混投此此亦奇而不可知之一也夫

西國有記含之法習成者試與一篇書默識一二過即成誦從首至尾又從尾至首又中間任命一字順誦其後逆誦其前或更將數字誦一字無所不可又如伯爾西亞國王濟祿兵士四十萬皆識其名般多國王米的利達能說二十二國方言此皆原本資性亦因學習然足徵記含在人奇妙無方矣雖然 天

主以此記含之司賦之亞尼瑪以予人者何也欲令人記憶　天主之恩而感之謝之也人能記百凡事理而不記　天主恩即無所不記如無一記能記憶　天主而不能記憶他事即一無所記其爲記多矣

論明悟者

明悟者分之有二一總之歸一爲亞尼瑪之能以明諸有形無形之物不獨明彼而亦自爲所明亦非恒爲所明爲其能明恒須物之像註

自無質其所不在有質之體而不受壞於所
向亦不能先顧亦與司相似其功有三
何謂分之有二總之歸一分爲二者其一作明
悟其一受明悟作明悟者作萬像以助受明
悟之功受明悟者遂外之光明悟萬物而得
其理作者能爲可得受者所以得之也何以
必言二者凡物之所然皆有二緣一爲作緣
一爲受緣先有作者後有受者試如器用造
之者爲作者用之者爲受者又如耳所聽之

聲為作者。以耳聽之為受者。若未有作。安得
有受。盡所然如是。何獨明悟否乎。今有一理
於此。已得明悟。是所然也。其緣則先有作者
為可明。次有受者明之。則遂明矣。試以有形
易見者解之。凡明悟者。非明悟其物之體物
之質。必將棄其體質。精識其微通者為體質
者為專屬。微通者為公共。如遇一有形之物。
彼先出其像入於我之目司。此時物去則像
隱。其像全係物之體質。是為至粗。非可明之

物能被明悟者也既而入於公司公司者五司之共所也此像既離於此物然物之專像無所不收像與物各有係屬是在精粗之間亦未爲可明之物也既從公司入於思司而分別之則此物咸別於他物既不能無分彼此即像與物微有係屬不能化於太通亦未爲可明之物也既而歸於作明悟者不惟盡脫於物之體質并悉損棄其爲彼爲此但留物之精微衆物所公共者則可得而明悟之

矣。譬一尺度於此。木爲體質。尺爲其全。寸爲其分。所當明悟者其全大於分也。目司所收。有形之度。載尺與寸。未離體質也。公司所收。脫去木體。止有體之形像。載尺與寸。即與他物總受總藏。未能分別也。思司所收。則已從他物而分別之。脫去形像。獨留其分與寸矣。作明悟所爲。則全脫於度。并其尺寸。但留微妙玄通。至公大總者。爲全與分。是則爲可明之物。足以被明悟者也。既爲可明。則受明悟者加之光而遂明之明其全大於分矣又如物有白者則是可見之白日光未至但爲可見之白不爲已見之白日光既至遂從而見之作明悟所爲者如白可受見也受明悟如施之光而見白也總之歸一者作明悟受明悟兩者缺一即不能完明悟之功故總此兩者爲亞尼瑪之能譬如定時水漏上下各爲一斗一者主施一者主受兩者缺一即不成器合此兩者方成一漏刻之能總名一定時

之器矣

何謂亞尼瑪之能亦總稱也亞尼瑪之能不止明悟而明悟即得稱亞尼瑪之能

何謂以明諸有形無形之物此言明悟之分職以別於他內司也明悟之司所職者凡物皆通達其公共之理公共之性但物之有形無形截然不類其明諸有形者不能脫其公質而獨脫其私質如人本有肉體則從其肉體者明悟之而不論其某肉體爲某人也若無

形之物。不係於質。則可得而通之。如天神等無形之類是也（此謂靈塊離身之後也）蓋欲明悟此物。必令其物合於明悟之司。有形有質者。不可得入。即不可得合。故必脫去私質。取其公共者。與作合而明悟之。若無形無質者。不須解脫。自能成靈像而作合也。故亞利斯多曰。亞尼瑪者是萬物。謂一切諸物。凡有形者。盡歸五司。亞尼瑪得用明悟者。取其像而通之。無形者盡歸明悟。取其靈像而有之。而通之。則亞尼瑪不化爲萬物而萬物皆備是得有萬物也如外五司所收之物皆歸公司若輻輳於轂爲萬物之總府即公司亦可稱爲萬物內司所收之物皆歸於明悟而承受之通達之亦萬物之總府可稱爲萬物矣

何謂不獨明彼而亦自爲所明亦非恒爲所明

凡明悟所明有形之物必須解脫私質獨取其公共者明之若本司亦自無形質無容解脫是以不獨明彼而亦自明故明悟比爲亞

尼瑪之神目也。形目者。能見萬物。不能自見
明悟者。能見萬物。又能轉見自已矣。其非恒
明者有二。一者須復念自明其明。不須解脫
了無隔礙。應得恒明。但緣自明必須迴光反
照而得之。故非恒明也。二者。亞尼瑪在人肉
體恒接於有形有質之物。中多混雜。不及將
返照於已之無形無質也。故不獲恒自能明
也
何謂爲其能明恒須物之像。格物家言則皆若

之受明悟必有靈像以爲明悟之種何以徵之五司於其所司若無可像必不能司其所司明悟者於其所明若無靈像亦不能明其所明一也又明悟者之能明物無物不屬其能於彼於此原無定向欲明此物必有明此物之種以明之焉得不須此物之靈像以別於彼物欲明彼物必有明彼物之種以明之焉得不須彼物之靈像以別於此物或言明悟既屬能明則思司所收之像無所不呈明

悟者隨呈隨取。自足爲明悟之種。何事又須靈像。不知思司所收之像。猶微係於物之形質。若彼若此。未能全爲公共微道之物。且思司所呈。自外而至。未爲明悟者本司所有。凡物之所以然。若必須所然之原在於所以然本已之中。乃能作其所然。若從外至者。必不能作（註如火之熱物。熱爲火之所然。火爲熱之所以然。其能熱之原。必在火體之內。而後出之以熱物。是爲作其所然。若能熱之原在火之外。則火何由作熱）故明悟者必須有物之靈像。在於本已之中。而後能作明悟非藉外之司像所能作也又因此靈像而作明悟之物恆畱而不滅緣是格物之家分物像爲四等其下者爲屬五司之物像恆係於所向在則存舍則亡其次上者屬內二司之物像脫於所向亦自能畱顧其收藏之所尚屬有質因其有質初則存收後亦漸次隳壞其又上者爲明悟之靈像當作明時向於所向既明之後已脫於所向而靈像尚在爲其存畱之所爲亞尼瑪不係於

形質之所是以所向既去猶拖而不脫也其最上者爲天神所有萬物之靈像也人類所有明悟之靈像雖屬精微不免漸次而得天神於萬物之靈像自　天主造成天神即萬物之靈像同時俱得不由漸次也

何謂本自無質其所不在有質之體而不受壞於所向亦不能免依前論明悟者既能爲萬物即不宜自具一物之質若自具一物即不能爲萬物如大質本無一物之模故能爲萬物物之模若自有本模即不能爲萬

模。〔如舌本無味，然後能別萬味；若舌先自有一味，即不辨他味。〕他司如外五司，固在有質之所；即內司亦不能無有質之所。惟明悟獨在亞尼瑪，不在有質之所，其在全不係於肉體，既不在有質之所，而獨在亞尼瑪，即與亞尼瑪同是恒在。雖肉體滅，有質之所亦滅，而此爲不滅，故不能死其不受壞於所向者。他司係於肉體，其所向若最大者，即所向在此，不能及彼。所向既大，即能向之力或受衰滅。〔如目視日，日是所向也；日光既大，即目力但能向日，不能向於他物日受日光力既不敝卽日力受其衰滅惟明悟者無所不明所向在此亦能及彼無多不應任所向者最大最難愈增其力愈加其明不因所向之大壞其能向之力也

何謂亦與司相似凡司皆有受乃有作不受所向則無從下作不作是功則受功不覺明悟者亦作靈像受之而明故爲相似也

何謂其功有三其一直通其一合通其一推通

直通者有凡諸物一一取之純而不雜如甲知是

甲病知是病，冷水知是冷水，乙知是乙，一一直知，未相和合也。合通者，和合二物，并而收之，分別然否。如甲與冷水二物，令言甲飲冷水，是合其然也。乙亦一物，令言乙不飲冷水，是合其不然也。推通者，以此物合於彼物，又推及於他物。如冷水能作病，甲飲冷水，推知其病也；冷水能作病，乙不飲冷水，推知不病也。直通者皆眞無謬，一物自爲一物故也。甲即是甲，病即是病，何謬之有。合通者、推通者，有眞有謬，以此合彼，有中有否，以此合彼，又以推他，歧路愈多，愈多不中故也。如甲飲冷水，飲即是中，或其不飲則是不中。乙不飲水，不飲即中，或其飲之則是不中也。又如水飲作病甲飲水。推知其病。果飲果病。則中。或其不飲或飲而不病。皆是不中。飲水作病。乙不飲水推知不病。果其不飲。不病。即中。或其飲之。或不飲而病。皆是不中也 凡推通者獨人類爲然。禽獸不能推通天神至盡。天上天下物物。皆能通極至盡。不待時刻無有先後。皆屬直通。人則以此推彼。漸次遞及。人之推知。如積時累日。先後序至。天神之正知。如無窮之時。無始無終。故天神稱爲無盡者。人稱爲推盡者

明悟者。在人明哉。尊哉。曷言乎其尊也。論在我

所得之服習有兩端其一自立所得者則愛欲所得屬諸義明悟所得屬於知也知方於義則明悟者為尊其一　天主所賜于我得而服習者獨於明悟者錫之靈光以慰亞尼瑪之内日而得見　天主則明悟者又尊論内外之行凡亞尼瑪之行有二端其一出外者外五司之接物是也其一在内者内三司是也則愛欲之行雖在於内未免出而交於所愛故曰人有所愛其心每在所愛之物不在所居之身是也明悟之行恒在於内每

攝入其所悟之物。兩所由全完其功用者一則有藉於外。一則全藉於內。如是則又尊。又愛欲不能自行。必先明悟者照之識之。然後得行其愛也。記含亦然。故愛欲皆也。所明悟爲其目。照之引之。若駕馭之主持之。爲其萬行之所以然。故天神爲　天主所使。大天下之原動者十重天。各有天神主持運動。因之運用四行。化生萬物。是神。動大天動物。故稱爲原動者明悟爲小天下之原動者人身萬行萬動。什小天下如是者則又尊。故明悟之能。似於天神明悟能使人別於禽獸。明悟可通達於至微至玄至深之所。可達於至高至明天上之上爲亞尼瑪譬者守視之神。獒爲諸讐之間諜爲分別萬眞萬僞者。試金之石。爲分別諸毒物之靈藥。爲亞尼瑪中居堂皇審判功罪之官司。爲照察黑暗私欲之燎燭。爲炳燿潤飾心宮之夜光珠。爲亞尼瑪渡海舶檣最高達照。以察視深淺險易之明燈。爲亞尼瑪辨可否決嫌疑。定猶豫之指南鍼。爲亞尼瑪中遍照遠近巨細明無不見之視遠鏡故亞尼瑪藉明悟以克明明德其在亞尼瑪之國如大天下之有日也吾人既有此光可得窮理格物致極其知以至於萬物之根本若有人明悟萬事而不識根本如在大光中而目眩如盲與黑獄無別豈不惜哉

論愛欲者

愛欲者分之有三總之歸一為亞尼瑪之能任令愛惡諸物得自專不必自明不能受媒其

所向爲先所知之美好惟於至美好不獲自專而爲至自專巍巍尊高上於内外

何謂分之有三總之歸二一二者其一性欲其二司欲其三靈欲性欲者萬物所公共生覺靈之類皆有之是各情所偏宜專欲就之不待知之如石欲下就於地火欲上就於本所如樹木欲就於風日雨露之所及又如海魚專就於海人如人專欲就於常生眞福舍此所宜雖百方強之不安必得乃已噫吾斯丁曰主造人心以向爾故爲福不足滿未得爾必不得安也司欲

者生物所無覺類人類則有之是各情所偏偏於形樂之美好其在人爲下欲下欲者令人屈下近於禽獸之情令人失於大公尊聽已私也靈欲者生覺物所無惟靈才之天神與人則有之是其情之所向向於義美好故在人也名於亞尼瑪之體爲上欲爲愛欲靈欲爲諸愛欲中之至尊至貴者故可獨名愛欲司欲與靈欲其所以異者數端一者靈欲隨理義所引司欲隨思司所引隨思者不論義否惟所樂從也二者

靈欲所行。皆得自制。司欲所行。不由自制。惟外物所使。隨性不隨義。其在禽獸。絕不自制。一見可欲。無能不從。故聖多瑪斯曰。禽獸所行。不可謂行。可謂被行。不能自制之謂也。其在於人。一見可欲。或直從之。或擇去之。或從否之間。虛懸未定。如是者。稍似自制。實則禀於靈欲。以使其然。非由本質。蓋乃自制之影耳。又人最初一欲。不待思辨。觸之即發者。雖屬靈欲。而靈未用事。若者不得爲罪。嬰兒有欲。靈亦未用。病失心者。靈爲病阻。三者。亦皆不能自制之類也。其曰總三歸一者。爲是三者依其本情。雖有三向。如性欲本向者。是利美好。司欲本向者。是樂美好。靈欲本向者是義美好。然歸於一總美好。故曰總之歸一也

或曰。愛欲與明悟。同爲亞尼瑪之內司。向者言明悟有二。其一作者。其一受者。今言愛欲。却不分作愛欲。受愛欲。何也。曰外五司。皆不必言作者受者。爲是諸司所向。皆能發其本

像動其本司且諸司所向皆係粗像。有質之物未能至於無質之等。物與司皆係於質則皆相似則所向之物即是可司之物不必作司作彼之像。與司相似而後收之也明悟不然所收之像皆從有質而來不得爲可明之物。必有作者化有質以爲無質。是名靈像。然後爲可明之物。遂從而明之耳且愛欲者凡物可愛可惡。皆從明悟所明之靈像呈於愛欲。愛欲者遂愛而愛之惡之。故作愛欲之功。

似明悟者先已作之。不待愛欲者自作之。故愛欲一司。不必分作與受也

何謂亞尼瑪之能。亦總稱也。亞尼瑪之能。不止愛欲。而愛欲則得稱亞尼瑪之能

何謂任令愛惡諸物。此言愛欲之分職。以別於他內司也。所云任令愛惡者。獨指靈欲也。依於亞尼瑪之體。爲其不可離之賴物

何謂得自專。得自專者。亦獨指靈欲也。靈欲在人。自能主宰。凡明悟所呈。一切所向。雖有可

愛有可惡然可愛者或能惡之可惡者亦能愛之或可愛可惡處懸以待其去取若性欲司欲覺類所共具者自無主持惟意所便惟欲所使一見所向即偏向之於巳所利不得不趨於其所害不得不避勢不由巳故聖多瑪斯曰凡禽獸所行非作者乃被作者蓋先不能知其可否惟他所使是名不自主之行也惟靈欲在人先知其合理與否而後行之故自爲主之行不能自主者其行隨性故無

功亦無罪不可得賞亦不可得罰譬如生身長大飲食便溺等皆不得不然非我所能分別去就何功罪之有能自主者其行隨理故順理爲功逆理爲罪功可賞罪可罰也

何謂不必自明愛欲者雖不能自明亦不必自明爲其隨明悟者之明一切所是可愛可惡已先爲明之故也或言愛欲者既不自明曷爲又有功罪曰明悟雖借之光照明其可否至其主宰全在愛欲譬如輔弼之臣陳言是

非得失豈能強之國主其獨斷獨行者君也明悟則輔愛欲則主故功與罪歸之愛欲矣何謂不能受強凡自主之行是名人之行若本非願作因有所畏而強作之是亦名爲人之行否曰是亦人之行也何故因畏而作作者是我是亦自主之行安得不名人行而無功罪乎故記含明悟皆可受強如邪魔顯設多像呈於記含彼記含者不得不爲容收涵徹眞僞呈於明悟彼明悟者或因而謬誤分別

惟愛欲者，操揉獨持。雖顯諸可愛，莫能令我必愛；顯諸可惡，莫能令我必惡。但能誘惑，莫使必從。凡所向者，及諸邪魔，及諸萬苦萬刑，皆不能強我所行。如瑪而底兒，雖歷無量艱苦，其德意屹然不動，更加精勇。是可徵驗。是知一切所行，皆屬愛欲自主自作，故不能受強，而功罪歸之也。或言假有暴君，強令是人拜禮魔像，抑按肢體，稽首屈膝，無能不從，安得爲不受強者。曰：凡若此者，是名體行，不名意行。彼能按抑我體，不能按抑我意。尼罪所罰，必由意所愛欲，是體行者，不由本意。即得無罪。向言不能受強者，意行也。暴君能強抑我體，我不受強之情，可出之舌。縱斷我舌。我不受強之情，可形於四肢百骸。縱斷我命。不能滅我與愛欲為一體之亞尼瑪。安有我不愛欲，而強之可令愛欲者乎。豈惟他不受強。即於、　天主亦不受強。蓋　天主欲人之愛欲作一善功。如悔罪等。則視其時候。乘其機適與之額辣濟亞。既得額辣濟亞。兼乘此機適。其人雖能不作。畢竟作之。則此人之作此善功。皆由自主。　天主特以令切行之特賜額辣濟亞額辣濟亞有二。其一為足可行之額辣濟亞。其一為令切行之特賜額辣濟亞。其品數皆同。但不乘機適。人莫之用。是雖可行而不必行。則為足可行。若乘有機適而令必行。則為令切行。故人纔覺有此機適。則是　天主所用以拔我者。此時足可此行者。即為令切行者。不可不依承聖佑。乘機作之。若失此機會。後此難有額辣濟亞。亦但是足可行者。我不用之必行也。委曲引拔行此機緣。令我肯作。非強我作之也。譬如小兒在彼。我以果餌

乘其飢倦出而示之彼雖可以不取畢竟來取是我特引之使來非強之使來也從此可見天壤間萬樂萬苦皆不能移人之愛欲故曰不能受強

何謂其所向爲先所知之美好凡美好若先不知之則不爲愛欲所向若先知之則眞美好是其所向即本非美好而蒙以美好之貌亦是所向或聞有人自斷其命者此何美好而亦向之曰凡愛欲所向無有不以爲美好者

若欲死者爲是生時必有甚苦當受苦時不知此死爲更甚大苦而謂死者得免目前之苦則亦以此死爲美好也凡美好有三其一樂美好其一利美好其一義美好世間所有萬物之美好皆至美好之一微分而　天主則爲完全之美好樂者利者義者無不備足無不充滿故世物之美好爲愛欲之分向而

　天主爲愛欲之全向世物雖盡得之我不能足我不能安而　天主眞福我得之則至

足至安。或問既爾世物爲分向。爲不足不安。而人情惟樂與利。慕之求之。　天主爲全向爲至足至安。乃不必慕之求之。此又何也。曰。樂美好最能動人。一見便生欣悅。不煩計慮。故向之最易更甚於利。勿論義也。若利美好亦能動人。猶須計慮。乃可得之。故次於樂。此兩美好。皆着於物。其美好易見。故庸人小人。皆趨慕之。若義美好在物之外。非庸常所見。必須智慮籌度。乃能知其美好而願得之。故向之爲難獨君子能然此三美好趨向難易等級分異者緣人靈魂係於肉體樂與利最爲肉體所便義美好則靈魂所便肉體所不便故也至若　天主其爲美好無形無像更非庸衆所見必遠慮卓識思路超越乃能知其美好今有人得向此美好此其所爲必邈然出於樂利之上寧避世間萬樂而受萬苦寧去世間萬利而就萬害必欲得此而後已
凡人有甘歷苦辛冒危害而求之者爲樂與

利在其中也。求得　天主。至於受萬若萬害。欣然欲之。安得不有至樂大利在其中乎。特壽常識慮。不能及此。故雖全備滿足。至樂大利。反不若世間暫樂微利。足動人意耳。庸人惟肉體是徇。惟樂利是求。不知其違義犯天主。陷於萬罪。故罪人謂之愚人

何謂惟於至美好。不獲自專。而爲至自專。謂若能明見至美好。即不得不愛。勢不在已。何者。明見之後。凡諸至樂大利。可願可求。爲愛欲

所向者。完備滿足。自能全攝愛欲者而愛欲之。爲此是亞尼瑪愛欲者之全向。故得之爲得至足。爲得至安。爲得至樂。爲得至利。爲得至義。是不得不愛。故爲不獲自專。而此不獲專者。正是本情所最向所至愛至欲者。故又爲至自專。譬如向日之蓮。其向日也。爲受彼利益。不得不向。似乎不得自專。而以向之爲益。不然則害。是其本情所甚願者。得非至自專乎。凡在天之神聖明見　天主者。皆如是

也

何謂巍巍尊高。王於內外或言愛欲與明悟者。如學生姊妹等級不異。無有尊卑也。亞利斯督格物之論。獨明其不然。爲愛欲明悟本不同類。凡物之類如數。曰然無有二數可相等者。則物類之中。定有等差。無有二類能相等者。亞吾斯丁雖云三內司同等。特言三內司皆在亞尼瑪之體。以亞尼瑪之尊。而爲同等之尊。若各論其本類之尊。不得不有差等。則最尊者愛欲也。何者欲明亞尼瑪之能。孰尊孰卑。凡有三端。一視其所習之德。一視其所行之行。一視其所向之向。愛欲者之所習所行所向。尊於明悟者之所習所行所向。故愛欲尊於明悟矣。今論所習愛欲所習者仁也。明悟所習者智也。以仁方智。則仁尊。則愛欲尊。論所行。愛欲之行自動。又令他動也。則悟之行爲他所動也。自動又令他動者。方於被動者。則自動令他動爲尊。則愛欲尊。又如指我以爲善之路與令我即得成爲善者兩相較則得成者爲尊明悟者開我迪我使我知有真福愛欲者令我得有真福則愛欲尊又反論之明悟之反爲不知愛欲之反爲惡人之不知德行方於人之惡德行其惡孰重惡者甚重則愛欲尊論所向愛欲所向爲全美好明悟所向爲分美好蓋明悟所務惟在求真真雖美好特美好中之一端美好中尚有多端愛欲者無不愛之是爲全也以全較分

則愛欲又尊。夫天神幹運各天次　天主而爲大天下之初動。人之愛欲在人之小天下。凡內司外司百骸四體。各聽所命而効其職亦次亞尼瑪而爲諸動之初動。故曰靈魂尊高。王於內外也。夫以愛欲之尊如是。其所向爲至美好。而有人焉用此愛欲徇世間之至輕至微。以王尊而見役於卑瑣下賤之類。豈不至爲屈辱。至可愧悔者乎

靈言蠡勺卷下

泰西　畢方濟　口授

吳淞　徐光啓　筆録　愼脩堂重刻

論亞尼瑪之尊與　天主相似

天下萬物。其美好精粹。皆有限數。其與　天主無窮之善。無窮之妙。無相等者。亦無一能彷彿無量億數中之一二者。今言亞尼瑪與天主相似。特是假借比喻。為是其影像耳。形與影。不為相等之物。亦無大小多寡可為比例也儻不達此意而泥其詞謂我眞實可比擬之豈不屈抑　天主而長世人莫大之傲哉後諸比意惟爲顯揚　天主全能大智至善之性又讃美其普施於人亞尼瑪無窮之恩云耳其六相似凡有數端總歸三者一曰性一曰模一曰行如左

性一　天主性分本自滿足不肖他物充之聖亞吾斯丁曰亞尼瑪乃無形無壞自立之體與　天主甚相似也雖本無無形像有　天主

之像在焉伯爾納曰人之亞尼瑪能函萬
之務而萬物不能充其欲盡亞尼瑪既爲
天主之像則可容無窮美好其在　天主下
萬物之美好必不能滿之故相似

性二　天主之性極純無所模無總專無一毫
之雜亞尼瑪之性亦純無所無形無分但亞
尼瑪之純有總專之分與　天主異耳總專之分
若人各有亞尼瑪是名爲專凡人之亞尼
瑪則是其性名爲總　天主無是也

性三　天主純神能灼見萬事萬物而不始於

人目亞尼瑪神類也無形無質亦不屬於人目而明達萬物萬事之理至幽至賾至眇之情皆能洞識

性四　天主至靈至理至義而為萬理萬義之準則人之亞尼瑪有靈有理有義方諸草木禽獸無靈無理無義之亞尼瑪特為超越

性五　天上天下惟一　天主其功行甚多而有不同人身惟有一亞尼瑪其功行甚多亦各不同

性六　天主本不能死而無終人之亞尼瑪亦不死而無終故與　天主相似其異者。　天主無所始而亞尼瑪有始始於　天主

性七　天主體在能在見在而無所不在人之亞尼瑪能充周於全體其明愛無際能徹於天上天下徧於地上地中凡厥所欲無不可在

性八　天主之體無所出成。　天主之功行惟出於已人之亞尼瑪惟由　天主親所造成

亞尼瑪既備物之靈像以行其功即其功行不由他物其居本軀時明悟愛欲記含之功行不由於本軀離本軀後亦能明悟亦能愛欲亦能記含如在本軀時故其體其行皆不由他物與　天主相似

模一　天主本性常明達自己常愛樂自己人之亞尼瑪若效　天主之性則能向　天主能明　天主能愛樂　天主而賴其額辣濟亞以明之愛之雖未能全明全愛亦與　天

主相似。故肖　天主性之像焉。若救　天主
之三位。亦為肖　天主之像。蓋　天主雖一
性實行　罷德肋　費略　斯彼利多三多
三位人雖一亞尼瑪。而實行記含明悟愛欲
三司　天主費略生於　罷德肋　天主斯
彼利多三多則由　罷德肋與　費略亞尼
瑪之明悟者由於記含亞尼瑪之愛欲者則
由記含與明悟
亞吾斯丁自為問答曰亞尼瑪何以為　天

主之像。曰、為其能記　天主能明　天主能愛　天主故為　天主之像。又曰亞尼瑪為　天主之像有三依、其性、依其額辣濟亞依其榮福（榮福西言我樂利也）依其性者、亞尼瑪本性能明能愛　天主此能明能愛之性、人人所有。則皆有　天主之像。依其額辣濟亞者、人有額辣濟亞、即能行明行愛於　天主特求全耳此行明愛之功、惟義者有之、亦皆有　天主之像。依其我樂利亞者、凡獲真福之神聖賴我樂利亞之光榮福之光者。人之亞尼瑪升天後。天主賜之榮福之光。以堅固慰藉之。乃可見天主也。如無榮福之光。必不能見天主。亞尼瑪得榮福之光。比之目衰者得眼鏡也無所間隔其明愛得見天主如此無間隔得見　天主而向真福惟天上之神聖有之亦指有　天主之像

模二　額辣濟亞者譯言寵恩乃　天主賜人以增美乎亞尼瑪而寵愛之實為萬善之根升天之漸額辣濟亞之性其尊超越於亞尼瑪與諸所有若而似　天主之性故亞尼瑪

得額辣濟亞時其欲愛與尔之意轉合　天主之命若額辣濟亞有以變亞尼瑪與其明悟愛欲之行而相肖於　天主然

模三　天主與萬物爲物任意行之如用械器然亞尼瑪以其神能全模肉軀并模各分而爲人亦任意行之如用械器然

模四　天主所已造之物與所未造而能造之物盡有其物之意得亞（意得亞若評言物像制作規模也）具存於已人之亞尼瑪因外五司所司之物以

明悟者明之。而明悟者明其所明之物時。會然歸一。故亞尼瑪所明之物。則有其物之像。具存於心。而亞尼瑪與　天主相似

模五　經曰。居於聖愛者則與　天主偕而天主亦與之偕焉。又曰。親附於　天主者則切體於　天主焉。蓋　天主所愛之人。則與其人偕焉。諺曰。亞尼瑪所愛者。比其所模者相居更爲親切。蓋亞尼瑪所愛之物。則與其物偕焉。故與　天主相似

模六　天主性體。充徧於天上天下。而天上天下。不能界容於　天主。人之亞尼瑪。充徧於全軀。而全軀不能界圍於亞尼瑪之諸行

模七　天主全在全宇宙。亦全在宇宙之各分。即各分內有一分毀壞。而　天主全無一分毀壞。人之亞尼瑪全在人之全軀。亦全在全軀之各分。雖軀有或分。而亞尼瑪不可得分軀或有壞。而亞尼瑪無一毫得壞

行一　天主是萬物之始萬物皆由　天主造成故也又萬

物行之始凡物將有所行必得天主扶祐之乃可行也人之亞尼瑪。是本軀內外諸司之始人有內司外司內有明悟愛欲記含等。外有視聽啖嗅覺觸等。皆由亞尼瑪而成其所司也及其自然行之始。又其介然行之始自然之行若順其本性行之如火燃水潤鳥飛魚躍。人之視聽啖嗅等皆行乎自然無善無惡無功罪者也。介然之行者係於人意欲或善或惡或功或罪。可揚可抑可賞可罰介有兩端之意也若此兩行。皆由亞尼瑪為之始也

行二 天主是萬物之終是萬物為者之所以然。是萬物之成。是萬物所向之福。人之亞尼

瑪。是本軀之終本軀爲亞尼瑪所用器械。器械非能自爲用，必用於匠作。故亞尼瑪爲本軀之終。本軀萬行之所以然亦天下萬物之終天主造人。貴於萬物。爲其在世能敬事 天主而世後得享 天主之福。既畀人此靈才乃造成天地。如房舍然。令居處其中。造成草木禽獸等物。如錢穀然。令人隨取隨足。令人之亞尼瑪得以泰然慕嚮爲其所自而終得享天上之福。故人之亞尼瑪爲本軀天下萬物之終

行三　天主通達明悟萬物。而其通達之勢。超越於神人所通達者無量倍數神人之通達。雖精雖細。尚有未盡。惟 天主之通達。能洞徹各物本性之淵微。窮盡其義理之幽眇。至其所以然之

所以然而毫髮無遺故超越於神人所通達無量倍數人之亞尼瑪亦能明達屬造成之物不屬造成之物屬造成之物不屬造成之物若分別天主與萬物也萬物皆原生於天主惟天主無始無所以為造成能通達屬質不屬質之物屬質不屬質之物分別有形有像與無形無像皆是也如天神與魂道理德業等皆不屬質之物而亞尼瑪悉能通達之其屬質之物通達之際變為神物亞尼瑪通達諸物其物當入亞尼瑪之中因屬質皆不能入於靈魄故先脫其質而留其影像與其理以至於亞尼瑪之內皆通達之彼質物通達之際變為神物焉故相似

行四 亞尼瑪通達物之際即生其物之內言

內言者是物[illegible]若外言方出於口即通於耳倘亞尼瑪[illegible]內言亦無以遝通物之

性與理 天主通達[illegible]一性亦生內言 天主通

徹巳之性則生自己內[illegible]位 貴略是爲 罷德助[illegible]二

行五 萬物不自活皆受活於[illegible] 天主自活而不受活於萬物人之肉軀不自活皆受活於亞尼瑪而亞尼瑪自活不受活於肉軀

行六 天主公潤天下所潤之中又有得潤之膏澤者焉萬物至洪至纖受 天主之公潤各得其分至觀天之垂象晶瑩森

羅尼爲受　天主公潤中之極精極倅者焉　亞尼瑪公潤肉軀所
潤之中。又有得潤之膏澤者焉肉軀四肢百體。受亞尼瑪
之公潤。各充其量。至覩前之統貫聽明。從辯
尼爲受亞尼瑪公潤中之至美至好者焉

行七　萬物自不能動。而受動於　天主　天
主爲萬物之原。而常自安然不動。人之肉軀。
全體與各分。自不能動。受動於亞尼瑪亞尼
瑪爲肉軀萬動之原。而常自安然不動

行八　天主治天下萬物。於可大受者若天神與人行靈之物　照之教之。於可小受者如草木禽獸等無靈之物設

之引之全之令各得其分人之亞尼瑪治肉體之全軀乃及各分令諸司皆得其職此靈性咸得其正牖其明悟正其愛欲富其記含而潔清其心不惟牖正富潔其一己且可推而牖正富潔其人群以治天下亦可馴御禽獸脫其猛性而柔伏焉夫亞尼瑪以本性之力又額　天主賦之聖祐庶乎彷彿　天主之能故與　天主相似

行九　天主是宇宙大天下萬物之主宰其權

無以尚之天下萬物悉歸嚮之無不聽其命者人之亞尼瑪是肉體小天下之主宰其權能自專而肉體之全軀與各分悉皆歸嚮之又賴　天主之祐能主制其七情及嗜欲等而天下禽獸萬物無一能外乎吾人亞尼瑪之靈意夫亞尼瑪之靈意強果無比天下萬能萬力莫有得強其意者故與　天主相似

行十　人之才雖妙好天神之才雖峻捷若曰憑其本能之力均不得全識亞尼瑪之尊何

也。亞尼瑪有　天主之像焉如欲識像之肖物與否。必先識其肖像之物。人與天神。才既有限。皆不足以透徹　天主無量之妙。亞尼瑪既是　天主之像。若欲全識亞尼瑪。先當明識　天主。然人與天神不足識　天主。又弗識其像乎

有一道可推測而識。因其願。推其尊也亞尼瑪之願極天地萬物之至尊至貴至珍至奇。尼屬於　天主。天主之下者。皆不足以充其願。獨　天主爾。由是可知亞尼瑪之尊也故撒羅滿古賢人也欲令亞尼瑪自識其尊而言曰。萬物最美者此稱亞尼瑪之詞也爾欲識爾尊。爾出隨爾羊群之蹤跡羊群者。指人之五司耳目口鼻等。蹤跡者。指天下萬物也牧爾之羔羊羔羊者。人之情。人之欲也。

近牧者之牢。牧者，世間徇欲之徒。牧者之牢，是世人嬉遊戲樂、逐利溺色、功名榮貴等暫歡之所也。乃得識爾尊，而可安也。撒羅滿之云，若謂亞尼瑪。爾出，隨爾之五司情欲，歷諸事物之景況，以隨爾情，以從爾欲，遊歷徧諸境時，將見世間之萬美萬好，萬寶萬珍，榮祿富盛，皆不能充其願，而且隨以多多勞苦殆辱，然後一意復原，歸於 天主。心安願足，識已之尊焉。既不知 天主，即不能識亞尼瑪之尊。可知亞尼瑪與 天主

相似

或言凡物兩相似者，必兩相向，必兩相愛。亞尼瑪既與 天主相似，即亞尼瑪之所向所愛。

應是　天主。今觀人之所向所愛。多在世間之利與樂。爲是亞尼瑪寄在肉體。故隨肉體所向而向之。所愛而愛之。其順甚易也。若亞尼瑪能違肉體之所便。能超出於世利世樂不爲所牽。不隨所引。而專務想亞尼瑪之本向。想至美好無窮之妙。想至美好無窮之眞利眞樂。想至美好中包含無數美好。卽世利世樂。都可漠然無營。淡然無好矣。欲知至美好之情。下文略言之

論至美好之情

至美好者。原美好也。無他美好在其先。其爲美好也。并無所以然。無所以然者。非由他造。非由他化。非由他成。不因傳授。不因積習。不因功勛也。但至純至一之性。自然而然。其善與體。其體與其善。是一非二

此美好爲大美好。能包人萬億美好。爲總美好。他美好由此。而美好。此不因他美好。而美好。爲最美好。他美好不能如其美好。其勝於他

美好無倍數可計為恒美好定美好無時不為美好無物不為美好無處不為美好

論至美好之性情其尊貴也為無窮際之大論至美好之品位其峻絶也為無窮際之高論至美好之包涵其富有也為無窮際之廣博論至美好之存駐其無始無終也為無窮際之久遠論至美好之精微其難測難量也為無窮際之幽深

至美好之美好其體不因他美好而有其功用

不因他美好而成。他美好之體。則因此而有。
他美好之功用。則因此而成
他美好之物。必具四端。其一有。其次存駐。其次
作用。其次知作用。萬美好之有。藉此至美好
而有。此美好不藉他。美好而有。萬美好藉此。
而存駐。此不藉他而存駐。萬美好因此而作
用。此不藉他而作用。萬美好藉此而知作用。
此不藉他而知作用
此美好爲公至足。公至足者。無所不取資。無所

不足至足於已亦至足於萬物亦至足於無
窮世之萬物乃至萬物萬世更倍之倍之以
至無數可論亦無不足是謂公至足
他諸吉者善者凶者惡者萬端此至美好悉能
利益於善者吉者悉能治療於凶者惡者於
諸上下大小貴賤所營職業悉皆取資左右
隨足無有匱乏
此至美好其在今也目不可見耳不可聞惟當
信之惟當望之惟當存想之我此信此望此

想即是所惠教訓所施慰勉所予欣悅所垂
祐助至後來明見之日自當茫然懵然若攝
我心若失我身若眩我睛若饜 足我中情
怡然得所而大寧福我求我乃以常生
此至美好非我可得惟依額辣祭亞譯言聖寵而可
得之得之者便為成善使我疑於天神使我
疑於聖人使我疑於 天主使我衆行百為
皆似 天主所差別者 天主自然而然我
依額辣祭亞而然

此至美好而與我亞尼瑪偕焉。則　天主收之。
天神聖人愛之。眾人仰之儀之。邪魔懼之。賢
者讚之述之。令我勇。令我真。令我樂。令我富。
令我有功。令我於萬善眾德種種備足
此至美好。我若得者。莫能妬之。莫能沮之。其與
諸我也。無不與之。無不願與之。其情性自然
如此故
此至美好。常與人偕。有四端焉。其一以造成人
與人偕。與人偕者。為造成萬類。獨人為其肖

像也。人爲肖像者，非形體之謂，爲獨人類能識之能愛之能與受其福，故人爲肖像以造成人與人偕也

其二：以備所須與人偕。備所須者，人人儲其顧念也。有二端：肉身所須日用糧，如衣服飲食器用等，萬事萬物，種種具足，如父母育子，又令我備具他人所須，若家督上承父母，資糧徧育家衆，皆父母所養也。又靈魂所須日用糧者，如額辣濟亞以及道德仁義等萬善具

足如父母教子。又令我訓誨他人。若承父母家訓徧教家衆皆父母教也。故曰以備所須與人偕也。

其三以保存人與人偕。保存者。護衛之留駐之使免散壞也。而有數種。如四行等無生覺靈者保存之以有。即借焉以有其保存人也。亦與四行等同有如草木等無覺靈而有生者。保存之以有又以生以養以長其保存人也。亦與同有同生長養如禽獸等無靈而有生有覺者保存之以有以生又以內外諸司令彼知覺以內外諸動令彼運用其保存人也。亦與同有同生長養同知覺運用諸稟之外其於人也又保存以記令以明悟以愛欲以主宰是則四行草木禽獸等所無也而於人獨也故曰以保存人與人偕也

其四以無不在與人偕無不在者體無不在見無不在能無不在其無不在於人至親至切而人不能覺比於靈塊在人使我生使我行

使我通達外來事物。又通達內心情性。而我不覺。是靈魂所使。比於日在天。生養萬物。所可見者。皆承大光。而我不覺為所生養照臨。其為親切。皆倍萬不啻也。故曰以無不在與人偕也。

此至美好。任我所在。無處不可依向之。無處不可得之。無處不可饗之。無處不可留之。無處不可想慕之。無處不可講說之。無處不可見之。無處不可聞之。無處不可嘗之

人有二光。其一自然之本光。推理致知。人力可
及者是。其一超於自然者之真光。在理之上
惟 天主賜與。非人知見所及者是。此至美
好者在我。令內依我本光。惟亦識之。其在他
日依藉真光。果得見之。而此識者見者。如飲
海滴水見日隙明。悉難盡備。惟獨自能窮究
自能全通。自能全愛此全通者全愛者。是名
無窮真福
此至美好在此世間。依我本光所能識者。爲

微細雖則微細以視世間學問倍萬爲真倍萬爲確倍萬爲益倍萬爲宜倍萬爲足倍萬爲貴倍萬爲樂

此至美好我此世間而欲識之非因講究思惟便可必得惟是衷情慕愛心地蠲潔方可得也

此至美好我能明悟我能愛慕而有恆者即是常生即是真福得此福者雖以世間美好并合一處終竟及之相去倍數非復計量所及

此至美好爲純美好非如他美好尚有雜者爲足美好非如他美好尚有闕者

此至美好無有他美好在其上者無有他美好與之等者非獨此吁亦無他美好在其下者若云或在其下便爲比方此至美好無比方者縱令於今世間一切美好至大至多求與之比其爲比例若有之與無不然亦其影也影之與形不爲比例終絕無耳

天之高地之厚萬物之廣並此美好之前猶滌

華一點亓不足論於多寡輕重更復倍此天地倍此萬物倍之又倍至於無算其爲多寡輕重亦復如是

此至美好爲他諸萬億美好之準則爲此美好能節度於他諸美好彼諸美好論其本體自無美好爲與主者相近愈爲美好愈切近愈美好其分別差等皆以主者爲其法式如精金至貴下至銀銅錫近者愈貴分別差等以金準之是名準則

爲此美好而能遺棄他諸美好爲他美好能阻我抑我令我不得此至美好故須一切棄置視若敝帚如是者世或目以爲愚其愚不可及也

此至美好而我得者是徒得之其與我者是徒與之何者我無功故就令有功而此功績從何得之我本無功何由可得故與我者是名徒與雖然亦須我與同行不然者雖欲徒與而莫或受之

能識此至美好之緣行七端因於自然之本光一因於超自然之真光二因於心之潔清三因嘗其味四因於恆相容交五因於謐靜五司六因於默想透達經典深意七

欲知此美好為至美好嘗觀古今無數聖人大才至智而為此致命受無窮之苦聖女亦然其受苦難也他人觀之若苦而彼甘之若飴嗜之若渴古今無數上敎賢人恆歎息恆仰慕恆祈求恆行百計建立功勞行人所難行

講解傳說言語踪跡徧天下。又屏棄一切身世所有充巳習勞忍辱耐苦終身如是。是何所爲乎。此不足爲至美好之徵乎

試觀古今聖賢。所爲講解稱說。單精竭才。造作無數經典書籍。不啻汗牛充棟。而此輩聖賢皆言萬等所說甚少。所當說所未說所不能說者至多至多無有數量。其比例若有與無也。此又何也

欲讚歎此爲至美好。不能形容。不能窮盡。即以

海水磨墨。尚恨其少。以諸天為楮。尚恨其狹。以天神之聰明才智。尚恨其鈍。以億萬萬無窮極之年。尚恨其短。窮古終天無數聖賢無數天神。并合其才智心思。窮慮極想於無涯無量之才智心思。而此才智心思。猶不足舉擬萬分之一也

欲知朝廷之尊。觀得罪於朝廷者其罰甚重則可知之。欲知此至美好者之尊。試觀罪者之罰無窮盡。將為萬苦聚。又無法可以解之。可

以救之如此其罰至重即知施此罰者巍巍隆高其尊無上也

人有三在其一體在體則居之所能限之所外無體其一見在見則目所接能限之接外無見其一能在能則事所營能限之事外無能此至美好者體無不在見無不在能無不在其體其見其能無處不在無時不在無行不在又於人類萬物默爲存收使免傾撒而與之同行與之偕動爲萬行萬動之所以然

此至美好。最玄最微。不可以形像摹擬。非但不可摹擬、兼亦難可思惟。雖復聰明絕世。不能形容其毫末

此至美好不能明知。不能明見。若有思惟擬議以爲已能知見此。此政極無知見。若更加窮究盡思極慮。至於皆無所得。自視爲至愚至懵。我所想我所講我所識與所當想所當講所當識者全然未有分毫入處。此正爲有所知。有所見矣

有至香者其本體香不足爲香有無數穢惡移與相近悉化爲香與本香相類是爲至香此至美好者舉天下無數惡人嘗造無量惡跡若與相近悉化諸惡而備諸德入於聖域都成美好豈非至美好

盡天下聖人盡天上天神相與讚歎此至美好之爲美好時時讚歎窮無量時時以爲奇異時時讚歎窮無量時時以爲喜樂時時讚歎窮無量時時不竭新之又新無有盡

際

神有三司。一司記含。一司明悟。一司愛欲。記含者。記含此美好時。即爲至富。明悟者。明悟此美好時。即爲至光明至高貴。愛欲者。愛欲此美好時。即爲至正。爲至尊。而一切人。一切時。一切楮墨語言等。但一沾此美好。皆悉咸爲至尊至貴。隆崇無比

有人於此。與人爲善。惟日不足。多出智巧方便。化誘於人。[illegible]遍於人。於是人者。可名甚善。而

此至美好者從造物初時恒出無量無數仁愛人之智計方略牖人於善救人於惡時時护我心門督趣覼縷有會即投無時肯釋必欲相將人類悉成美好此其美好爲至美好開闢以來無量數聖人所行所作功德無數其所以然皆繇此至美好而出自今以後至於世盡無量數聖人所行所作功德無數其所以然亦皆繇此而前後無數聖人特如繪師之鉛槧工匠之斧斤其握鉛槧操斧斤者此

至美好也
繪者方繪次拙工攙筆壞之良工就彼拙筆增
修焉更加巧妙縫者裁剪次拙工誤剪壞之
良工就其壞處縫補焉倍益佳麗此爲善繪
善縫矣至美好者恒聽人爲惡及至當機即
取惡爲善取惡爲善者今彼從前百千罪過
皆爲立功累德之材具也正如醫師製度毒
藥匪但令其無毒且借其毒性以取奇効是
取彼不美好以爲美好知此能此恒知此恒

能此是爲至美好

至美好者不能自爲不美好亦不能令他爲不美好具此兩不能是爲全能

隨其所命但所命爲者即是至善隨其所禁但所禁不爲者即是至惡

有在艱難若毒中而此至美好者默爲勉勵默爲照護默爲安慰是此大恩但得幾微施及於彼彼即以其難爲甚易以甚苦爲甚甘若無此默佑即甚易事亦成甚難即甚樂事亦

爲甚苦。故得此佑者要其至竟不得不成吉
福。失此佑者要其至竟不得不成凶惡
此至美好者。默能係攝萬物使彼萬物不得不
於彼趨向使得微見之微識之。卽自歎泣痛
悔。從前未向於此未識於此所作所爲空費
時日他諸美好。夙昔係戀者皆是至惡。盡可
棄捐。視彼未見未識係戀於他諸美好。不能
舍置者。以爲至愚無知也。此何以故爲得此
者。雖他無一有。已爲至富。已爲至足。失此者。

雖他無一無亦是至窘亦是至貧
此至美好自萬物視之實公有之爲普徧故所
物物視之皆若獨有之爲滿足故
能識此美好與否只在當人人能自進於美好
即能識此美好愈進亦愈明人自遠於美好
即不能識此美好愈遠亦愈蔽
欲見此美好先宜瞽欲聞此美好先宜聾欲論
此美好先宜喑欲得此美好先宜去欲當此
美好之味先宜不知味何以故不絕世見不

能見此。不絕世聞。不能聞此、不絕世論。不能論此。不絕世有。不能得此。不絕世味。不能嘗此

此至美好。但歸向之者。必將爲美好。不然亦必大去其不美好、如入寶藏而出。必富不然必大消其貧如造良醫而還。必安不然必大減其疾矣

爲此至美好而作者。雖微善。必得無窮盡之報。其施甚小其獲甚大。如此旋念有人情之違

之。雖所作者。特是微罪。萬萬不可。何以故。爲

彼是彼故。且所犯微罪。非微罪也。今爲微罪

究其將來。必造於無窮之惡

凶惡有二種。其一罪愆。其一患難。此至美好者。

患難之所以然。非罪愆之所以然。所以患難

我者。非患難我也。正欲用此救我使進於善

使近於美好也

此至美好。而欲禍我。甚無難也。但舍置我。便爲

無量數之苦。已。旋思之。但收受我。其爲美好

當復何似

無此美好。即無爲善之始。亦無爲善之中。亦無爲善之終。爲萬善所係。皆在於此。其係屬也如光係日。如熱係火。倍萬親切

此至美好無時無處不施無窮之恩。無窮之善。無有竭盡亦無節制之者而無不屬其宰制者

此至美好之前無有大凶惡。不可救者無有大美好不可逾者

雖有至惡人在於至美好之前而能自愧悔認已爲惡卽彼自謂至惡已是大善能自謙抑謂已無功卽彼自謂無功已是大功

此至美好爲欲人至於美好多用計畫令我得至甚貌甚切所屈抑者甚尊甚貴所俯就者甚痛甚苦令我從之甚近甚易種種非人思慮所及但我輩不能體認眞切卽彼所爲我不能信或謂非宜若體認親切者無論深信不疑卽我自心亦自計慮以爲非此固不可

也以此至美好而爲我主我爲其民豈非大福豈非天寵哉

右所論至美好是亞尼瑪之造者是萬物之造者。是亞尼瑪之終向。是人之諸行人之諸願所當向之的人幸而認此凡百無有差謬如海舟之得指南定不迷其所往也求此則遇萬福爲此而死則得常生爲此入患難之中則是大安樂爲此淪於卑賤則是榮福爲此貧困。則是極富厚爲此飢寒則是極飽暖爲此寵流即得鄉其本。鄉是人類共所當敬。是泰西諸儒先所自奉事所傳教人共相奉事是因愛憐萬民。親來降生。以其教光普照天下令得天上之真福。是之行。謂謂之　天主述此書者無非令人在此世中認此事此而身後見之用享其福第此所論殊未詳盡即令詳盡千億倍此亦不能罄其無窮譬如一滴不盡大海譬如一塵不盡大地也讀者於此識有闕漏即當存念所論者至爲無窮論之

者。至爲譏劣厥或無譏焉衍